路桥设计与施工管理

刘忠富 唐 晖 唐聚波 著

汕头大学出版社

图书在版编目（CIP）数据

路桥设计与施工管理 / 刘忠富，唐晖，唐聚波著
. -- 汕头：汕头大学出版社，2023.5
ISBN 978-7-5658-5029-5

Ⅰ．①路… Ⅱ．①刘… ②唐… ③唐… Ⅲ．①道路工程－设计②桥梁工程－设计③道路施工－施工管理④桥梁施工－施工管理 Ⅳ．①U41②U44

中国国家版本馆CIP数据核字（2023）第099078号

路桥设计与施工管理
LUQIAO SHEJI YU SHIGONG GUANLI

作　　者：	刘忠富　唐　晖　唐聚波
责任编辑：	郭　炜
责任技编：	黄东生
封面设计：	刘梦杳
出版发行：	汕头大学出版社
	广东省汕头市大学路243号汕头大学校园内　邮政编码：515063
电　　话：	0754-82904613
印　　刷：	廊坊市海涛印刷有限公司
开　　本：	710mm×1000mm 1/16
印　　张：	11.25
字　　数：	200千字
版　　次：	2023年5月第1版
印　　次：	2024年1月第1次印刷
定　　价：	58.00元

ISBN 978-7-5658-5029-5

版权所有，翻版必究
如发现印装质量问题，请与承印厂联系退换

前 言
PREFACE

目前，交通行业各项工作取得了显著成绩，交通基础设施建设尤其是公路建设持续快速发展。公路是交通运输的主要组成部分，公路设计是公路建设的重要环节，是公路交通建设从业者必备的技术。目前公路建设市场十分活跃，公路建设大军也日益壮大，但广大公路从业人员的技术水平却参差不齐，既有需要普及公路基本知识的，也有需要进一步提高的，因此，本书着重介绍了公路工程中的路桥设计内容。

道路和桥梁是现代生活不可缺少的一部分，在交通运输中是最基本的运输途径。随着经济的不断发展，现在流行在网上购物，这就需要物流来进行运输，因而对路桥的质量提出更高的要求，路桥施工质量的水平是影响道路和桥梁的关键因素。保障道路安全就必须提高路桥施工质量管理的水平；为了保障路桥的质量，需要加大对工程管理的制度建设。

在市政路桥工程项目施工过程中，施工项目管理贯穿于整个施工过程中，合理调动人力财力，统筹施工进度与方向，以高质量、低成本、安全生产、工期短为目标，保障施工质量的同时，为企业提供更多的经济效益。近些年，我国城市建设的步伐开始加快，这对市政路桥工程施工建设提出了更高的要求。施工项目管理是保证施工质量与安全的根本，这就需要我们提高对其的重视程度，并不断引进管理新技术与新方法，让施工中的各个环节都能够正规标准化，从而高效率完成高质量建设。

本书主要包含以下内容：道路线形设计理论、城市快速路设计、桥墩构造与设计、公路隧道基本构造、桥梁隧道施工方法、路桥工程项目管理。

  本书突出了基本概念与基本原理，在写作时尝试从多方面知识融会贯通，注重知识层次递进，同时注重理论与实践的结合。希望可以为广大读者提供借鉴或帮助。

  由于作者水平有限，书中未尽完善之处，恳请专家和同行提出宝贵意见，以便及时修改。

目 录
CONTENTS

第一章　道路线形设计理论 ··· 1

　　第一节　基于汽车行驶稳定性的道路线形设计理论 ················ 1

　　第二节　基于人类工效学的道路线形设计理论 ··················· 11

第二章　城市快速路设计 ·· 26

　　第一节　通行能力及服务水平 ·································· 26

　　第二节　横断面设计 ·· 28

　　第三节　平面设计 ·· 32

　　第四节　纵断面设计 ·· 35

　　第五节　出入口设计 ·· 36

　　第六节　高架路设计 ·· 39

第三章　桥墩构造与设计 ·· 47

　　第一节　桥墩设计内容及设计资料 ······························ 47

　　第二节　铁路桥实体墩构造与设计 ······························ 54

第三节　空心墩设计与计算································63

第四节　公路钢筋混凝土桥墩构造与计算················69

第四章　公路隧道基本构造································83

第一节　隧道构造组成·····································83

第二节　隧道洞身支护结构的构造························88

第三节　洞门与明洞的构造································95

第四节　隧道附属建筑····································102

第五章　桥梁隧道施工方法································110

第一节　隧道施工方法概述·······························110

第二节　钻爆法技术原理··································112

第三节　隧道开挖方法····································123

第六章　路桥工程项目管理································143

第一节　工程项目施工准备工作·························143

第二节　公路工程施工项目进度控制····················152

第三节　施工项目技术与质量控制·······················156

第四节　施工项目成本管理······························167

参考文献···174

第一章 道路线形设计理论

第一节 基于汽车行驶稳定性的道路线形设计理论

一、平曲线半径设计

（一）公路圆曲线最小半径确定

公路圆曲线最小半径有3种值：圆曲线最小半径极限值、圆曲线最小半径一般值和不设超高的圆曲线最小半径。公路线形设计时，应根据沿线地形等情况尽量选用较大半径，在不得已情况下，方可使用极限值；当地形条件许可时，应尽量大于一般最小半径。选用曲线半径时应注意前后线形的协调，不应突然采用小半径曲线，长直线末端或线形较好路段不能采用最小圆曲线半径。从地形条件好的区段进入地形条件较差区段时，线形技术指标应逐渐过渡防止突变。

圆曲线半径大于一定数值时，可以不设置超高，而允许设置等于直线路段路拱的反超高，出于行驶的舒适性考虑，必须把横向力系数控制到最小值。当路拱横坡为1.5%时，横向力系数采用0.035；当路拱横坡为2.0%时，横向力系数采用0.040。考虑到现实的路拱横坡在高速公路及一、二、三级公路上还有大于2.0%的情况，横向力系数采用0.040~0.050的幅度来计算不设超高最小半径值。当路拱横坡为2.5%时，横向力系数采用0.040；当路拱横坡为3.0%时，横向力系数采用0.045；当路拱横坡为3.5%时，横向力系数采用0.050。

（二）城市道路圆曲线最小半径确定

城市道路圆曲线最小半径分为不设超高最小半径、设超高最小半径一般值、设超高最小半径极限值3种。一般情况下，应采用大于或等于不设超高最小半径值；当受地形条件限制时，可采用设超高最小半径一般值；地形条件特别困难时，可采用设超高最小半径极限值。

1.不设超高最小半径

在城市道路建成区，由于两侧建筑已形成，如设超高，则两侧建筑物标高不易配合而且影响街道景观，因此，城市道路可适当降低标准。而且城市道路由于非机动车的干扰，交叉口较多，一般车速偏低，因此，横向力系数可加大，在计算不设超过最小半径时，横向力系数$\mu=0.067$，路面横坡度$i=-0.02$。

2.设超高最小半径一般值

城市道路设超高最小半径一般值计算中，横向力系数采用0.067，超高值为2%~6%。

3.设超高最小半径极限值

城市道路设超高最小半径极限值计算中，横向力系数采用0.14~0.16，超高值为2%~6%。

二、纵坡及坡长设计

（一）纵坡设计

1.最大纵坡

在纵断面设计中，各级道路允许采用的最大纵坡值直接影响路线长度、道路使用质量、行车安全及运输成本和工程经济性。汽车沿陡坡上行时，因克服升坡阻力及其他阻力需增大牵引力，车速会降低，若陡坡过长，将引发汽车水箱开锅、气阻等情况，严重时还可能使发动机熄火，驾驶条件恶化。若沿陡坡下行，因制动次数增多，制动器易发热而失效，司机心理紧张，易引起事故。道路最大纵坡依据汽车的动力特性、道路等级、自然条件行车安全及工程与运营经济等因素确定，设计速度为120km/h、100km/h、80km/h的高速公路受地形条件或其他特殊情况限制时，经技术经济论证，最大纵坡值可增加1%；公路改建中，设计速度为40km/h、30km/h、20km/h的利用原有公路的路段，经技术经济论证，最大纵坡值可增加1%。海拔3000～400m的高原城市道路的最大纵坡度推荐值按表列值减小1%；积雪寒冷地区最大纵坡推荐值不得超过6%。

2.桥上及桥头纵坡

桥上及桥头纵坡设计要满足以下规定：

（1）小桥、涵洞处纵坡按路线规定进行设计。

（2）大、中桥上的纵坡不宜大于5%。

（3）位于市镇附近非汽车交通较多的路段，桥上及桥头引道纵坡均不得大于3%。

（4）紧接大、中桥桥头两端的引道纵坡应与桥上纵坡相同。

3.平均纵坡

平均纵坡，是指在一定长度范围内，路线上两点间的高差值与相应水平距离之比。平均纵坡是衡量纵断面线形设计质量的一个重要指标。汽车长距离地爬行较大纵坡，为获得较大牵引力，只能长时间挂低挡行驶，容易导致水箱开锅、发动机过热；而在同一路段上汽车下坡行驶时，司机精神紧张，不得不频繁制动，常引起制动器发热甚至烧掉制动片，容易发生事故。所以在设计中，为了合理运用最大纵坡，缓和坡段及坡长应控制路线总长度内的平均纵坡。越岭路线连续上坡（或下坡）路段，相对高差为200～500m时，平均纵坡不应大于5.5%；相对高差大于500m时，平均纵坡不应大于5%。任意连续3km路段的平均纵坡不应大于5.5%。

4.缓和坡段

山岭、重丘区的公路，由于汽车连续行驶在较大陡坡上，将影响汽车发动机的正常使用，并危及行车安全，故当连续纵坡大于5%时，应在其间设置纵坡不大于3%的缓和路段，其长度不应小于100m。这时，即使整个坡段完全符合最大纵坡和坡长限制的规定，服务水平也不会很高。

5.合成坡度

合成坡度是指路线纵坡与路拱横坡或弯道超高横坡的矢量和，其坡度方向即流水线方向。

路面上的雨水一般都流向合成坡度方向（因为该方向的坡度最大）。在冰滑、潮湿路段，车辆容易沿合成坡度方向滑溜，尤其在急弯陡坡处，由于合成坡度的影响，汽车重心发生偏移，将影响行车安全，甚至造成恶性交通事故。因此，从路面排水及行车安全等方面考虑，应对合成坡度加以限制。

（二）坡长设计

1.最大坡长

汽车沿长距离的陡坡上坡时，因需长时间低挡行驶，易引起发动机效率降低。下坡时，由于频繁刹车将缩短制动系统的使用寿命，影响行车安全。一般根据汽车的爬坡能力以末速度约降低至设计车速的一半，对纵坡的最大长度予以限制。

2.最小坡长

如果坡长过短，变坡点增多，形成"锯齿形"路段，容易造成行车起伏频繁，影响公路的服务水平，减少公路的使用寿命，因此，应减少纵坡上的转折点。此外，相邻变坡点间距应不小于两竖曲线间的切线长，以便插入适当的竖曲线。

3.组合坡长

当连续纵坡是由几个不同受限坡度值的坡段组合而成时，应按不同坡度的坡长限制折算确定。如设计速度为40km/h的公路某段8%的纵坡，长为120m，该长度是相应限制坡长（300m）的2/5；相邻坡段的纵坡为7%，则其坡长不应超过相应限制坡长（500m）的（1-2/5），即500×3/5=300m。也就是说，8%纵坡设计120m后，还可以接着设计7%纵坡段300m，其后再设置缓和坡段。

三、超高设计

在弯道上，当汽车在双向横坡的车道外侧行驶时，车重的水平分力将增大横向侧滑力。所以，当采用的圆曲线半径小于不设超高最小半径时，为抵消车辆在曲线路段上行驶时所产生的离心力，将曲线段的外侧路面横坡做成与内侧路面同坡度的单坡横断面，这样的设置称为超高。其单坡横断面的横方向坡度叫作超高横坡度。

（一）超高横坡度

超高的横坡度应根据设计速度、圆曲线半径、路面类型、自然条件和车辆组成等情况确定，必要时应按运行速度予以验算。其计算公式如下：

$$i_y = \frac{V^2}{127R} - \mu \qquad (1-1)$$

式中：i_y——超高横坡度；

V——设计速度，km/h；

R——圆曲线半径，m；

μ——横向力系数。

（二）超高过渡方式

对于无中间带公路，当超高横坡度等于路拱坡度时，将外侧车道绕路中线旋转，直至超高横坡值。当超高横坡度大于路拱坡度时，可采用以下3种过渡方式：绕内侧车道边缘旋转，新建工程宜采用此种方式；绕中线旋转，改建工程可采用此种方式；绕外侧车道边缘旋转，路基外缘标高受限制或路容美观有特殊要求时可采用此种方式。对于有中间带公路，有3种过渡方式，分别为绕中间带的中心线旋转，中间带宽度小于或等于4.5m的公路可采用；绕中央分隔带边缘旋转，各种宽度中间带的公路均可采用；分别绕行车道中线旋转，车道数大于4条的公路可采用。

对于分离式路基公路，其超高过渡方式宜按无中间带公路分别予以过渡。城市道路超高的过渡方式应根据地形状况、车道数、超高横坡度值、横断面型式、便于排水、路容美观等因素确定。单幅路路面宽度及三幅路机动车道路面宽度宜绕中线旋转；双幅路路面宽度及四幅路机动车道路面宽度宜绕中间分隔带边缘旋转，使两侧车行道各自成为独立的超高横断面。

（三）超高过渡段

由直线段的双向路拱横断面逐渐过渡到圆曲线段的全超高单向横断面其间，必须设置超高过渡段。超高的过渡应在回旋线全长范围内进行。当回旋线较长时，超高过渡段可设置在回旋线的某一区段范围内，其超高过渡段的纵向渐变率不得小于1/330，全超高断面宜设在缓圆点或圆缓点处，六车道及以上的公路宜增设路拱线。硬路肩超高值与相邻车道超高值相同时，其超高过渡段应与车道相同，并采用与车道相同的超高渐变率。硬路肩超高值比相邻车道超高值小时，应先将硬路肩横坡过渡到与车道路拱坡度相同，再与车道一起过渡，直至硬路肩达到其最大超高坡度值。

四、总体设计

（一）一般规定

总体设计应协调公路工程项目外部与内部各专业间的关系，确定本项目及其各分项的技术标准、建设规模、主要技术指标和设计方案，使之成为完整的系统工程，符合安全、环保、可持续发展的总体目标，保障用路者的安全，提高公路交通的服务质量。各级公路应根据公路功能、公路等级及其在路网中的作用进行总体设计。高速公路、一级公路应综合考虑各种因素做好总体设计，二级公路宜按相关因素进行总体设计，三级公路、四级公路视其重要程度可参照执行。

总体设计应考虑的因素：

（1）根据路线在路网中的位置、功能，综合考虑路线走廊带范围的远期社会、经济发展，城市、工矿企业的现状与规划、铁路、水路航空、管道的布局、自然资源状况等，确定本项目起讫点、主要控制点及与之相互平行、交叉等项目的衔接关系。

（2）科学确定技术标准，合理运用技术指标，注意地区特性与差异，精心做好路线设计，必要时宜进行安全性评价，以保障行车安全。因条件受限制而采用上限（或下限）技术指标值或对线形组合设计有难度的路段，应采用运行速度进行检验，并采取相应技术对策。

（3）应在查明路线走廊带的自然环境、地形、地质等条件的基础上，认真研究路线方案或工程建设同生态环境、资源利用的关系，采取工程防护与生态防护相结合等技术措施。减少对生态的影响，加大恢复力度，最大限度地保护生态环境。

（4）做好同综合运输体系、农田与水利建设、城市规划等的协调与配合，充分利用线位资源，合理确定建设规模，切实保护耕地，使走廊带的自然资源得以充分利用，公路建设得以可持续发展。

（5）总体协调公路工程各专业间、相邻行业间和社会公众间的关系，其设计界面、接口等应符合相关法规、标准、规范的要求或规定，并注意听取社会公众意见。

（6）路线方案比选应针对设计施工、养护、营运、管理的各阶段，基于安全、环保、可持续发展理念，运用全寿命周期成本分析方法进行论证，采用综合效益最佳、服务质量最好的设计方案。

（二）总体设计要点

道路线形总体设计要点如下。

（1）路线起、终点应符合路网规划要求。确定起讫点位置时，应为后续项目预留一定长度的接线方案，或拟定具体实施设计方案。

（2）根据公路功能、设计交通量，沿线地形与自然条件等，论证并确定公路等级、设计速度和设计路段。恰当选择不同设计路段的衔接地点，处理好衔接处的过渡及其前后一定长度范围内的线形设计。

（3）高速公路、一级公路应根据设计交通量论证并确定车道数；具备集散功能的一级公路、二级公路应根据混合交通量及其交通组成论证设置慢车道的条件，并确定其设置方式、横断面型式与宽度。

（4）高速公路、一级公路一般情况下宜采用整体式路基；位于丘陵、山区时，应结合地形、地质条件及桥梁、隧道的布设等论证采用分离式路基的可行性。

（5）路线设计应合理确定路堤高度，降低对沿线生态环境的影响，并做好防护、排水、取土、弃土等设计，防止水土流失，保护环境，使公路工程建设融入自然。当出现高填、深挖时，应同架桥、建隧方案进行比选论证。

（6）由面到带（走廊带）、由带到线（沿路线）查明工程地质、水文情况，重大自然灾害、地质病害的分布、范围、状态以及其对工程的影响程度，论证并确定绕越、避让或整治病害的方案与对策。

（7）确定同作为控制点的城市、工矿企业、特大桥、特长隧道等的连接位置、连接方式。

（三）应重视的问题及服务社会的考虑

1.应重视的问题

（1）控制点和走廊带是一个项目的基础，两者一旦发生变化，不但会影响项目的工程规模和投资，而且还可能影响路网结构、路网整体功能，甚至影响区域路网的社会经济效益。因此，可行性研究阶段对控制点和走廊带的选择要慎之又慎，应深入研究、多方案比选。

（2）应以区域经济社会发展情况确定路线走廊带，当区域经济欠发达或交通基础设施不完善时，路线走廊应选择在具有一定经济基础的区域和经济带上，以刺激和带动当地经济的发展；当区域经济高度发达或交通基础设施相对完善时，路线走廊带应侧重选择在区域经济社会不均衡的走廊带内，以避免重复布线，同时有利于促进各区域协调发展。

（3）以运行车速理论指导路线方案选择和线形设计：公路相邻路段线形指标不均衡、衔接不合理，会使车辆行驶速度出现悬殊，从而导致交通事故。以运行车速理论指导线形设计是改善线形安全的有效方法。山区高速公路长陡纵坡的安全问题比较突出，路线走廊选择时应予以特别重视。

（4）项目所在区域的工程地质灾害评价和环境影响评价，应在路线走廊选择前完成，路线走廊选择应绕避活动断裂带、大型滑坡等重大地质灾害多发区，绕避环境敏感点。

（5）树立全寿命周期成本的理念：路线走廊选择要从建设、养护、运营、管理等阶段进行全面经济比较，树立全寿命周期、成本的理念。统筹考虑规划、建设、养护、运营的全过程，系统解决工程结构的耐久性、抗疲劳性、车辆行驶的安全性、养护维修的可行性、防灾减灾的有效性以及环境景观的协调性等问题，实现公路使用寿命更长、环境更美、行车更舒适、投资更节省的总体目标。

2.服务社会的考虑

回顾多年的公路建设历程，通常：比较重视公路工程初期建设成本，把它作为方案取舍的第一考虑因素，而对环境保护和土地资源利用等可持续发展问题关注不够；较重视公路直接使用者的安全和利益，常忽视路外居民和公众的感受；较重视地面以上可见地形、地物的控制，而对地面以下的地质、文物、矿藏等建设条件考虑不足；较重视公路自身各专业间的协调设计，而对公路与沿线自然、生态、社会、人文等周边环境的协调研究不够。总结以前的经验教训，在今后的公路建设中应该重点考虑以下4方面。

（1）对占用耕地的考虑：公路建设不可避免会占用土地，但占用何种类型的土地与公路设计者选定的路线方案有直接关系。耕地是不可再生资源，在偏僻的山区，几亩耕地可能就是居民祖辈赖以生存的唯一手段，一旦被占用，他们就将被迫改变生存方式；有些经济发达地区，由于赔偿标准较高，拆迁占地工作难度不大，业主和公路设计者往往就会放松对占用耕地的控制，这种做法也是狭隘和不负责的。

作为有责任心的设计者，在路线方案布设时必须时刻考虑尽量少占耕地，需要不辞辛劳地反复优化路线方案，尽量在山坡或坡脚布线，避免在耕地中部穿过；不可避免时，尽量降低填土高度或者布设桥梁。同样是耕地，也有贫瘠和肥沃之分，若必须占用，也应尽量占用贫瘠耕地。

（2）对村镇生产生活环境的考虑：在公路建设中，应充分考虑区域社会经济的发展要求，降低对村镇等生活环境的影响，减小对农民生产出行等的干扰。公路选线应尽量避开村镇，尽量避免由于公路阻隔影响两侧居民往来、农耕。尽量避免大规模的拆迁安置，并要充分体现国家安置补助政策，农用通道要保证排水通畅、使用方便。

（3）对水资源保护的考虑：路线方案布设时，时常遇到水库、湖泊、水产养殖区等，有些水体往往是附近城镇居民的饮用水源地。因公路排水属污染水，直接排入上述水体是对水资源的一种破坏。因此，布设路线时，应优先考虑在水体下游布线，必须在上游布线或以桥梁跨越水体，应进行专项排水设计，做到路面积水独立排除，避免对水资源产生污染。

（4）对节约里程的考虑：在路线方案比选过程中，经常遇到造价低但路线需绕行一定长度、造价高但路线顺直两种方案比选的情况，设计者难以分辨究竟是绕行而节约直接建设成本的方案好，还是初期建设成本高一些但顺直的方案好。在其他建设条件基本相同的前提下，掌握这一定量关系对科学决策路线方案是有帮助的。

工程造价和节约里程实际上是统筹考虑建设成本和运营成本的问题。为保持路线顺直、缩短路线里程，可能需要设置隧道或桥梁工程，这样势必会增加初期建设成本；而绕行方案虽初期建设成本低，但由于公路运行里程增长，运行成本（如燃油消耗、时间损失、轮胎和机械损耗等）较高。分别计算一定评价期内绕行长度的运行成本并予以折现比较，即可形成建设成本和运营成本直接比较的定量关系。

（四）道路线形与景观的配合

"景观"最初的含义更多体现在视觉、美学方面，即与"风景""景物"同义或近义。随着社会发展和全球环境问题日益严重，越来越多的人开始用社会和生态的眼光关注生存环境，人们对景观内涵的认识和理解也随之拓展，不再把它当作仅供人欣赏的视觉关注对象和毫无生机的地表空间景物，而且认为景观是在地貌运动过程中和各种干扰作用（特别是人为作用）下形成的，具有特定的社会、生态结构功能和动态特征的宏观系统，也就是说，景观同时体现人对环境的影响及环境对人的约束，是人类文化与自然的交流和融合。道路不仅是交通运输构造物，也是供广大人民使用的建筑物。它应使人在道路上行车不感到疲倦，并使旅客在游览旅行时有欣赏风景的可能性。良好的道路系统不仅仅是给人们提供一种安全迅速的运输通道，而且还应具有赏心悦目的外观，应该与周围的地形、地物和地貌有机地融为一体，成为当地风景的一部分。道路不仅要有优美的线形，还要与周围景观环境相协调。道路景观应包括线形本身及与环境的协调两方面，其中除线形的连续与协调外，主要是指道路两侧坡面、路肩、分隔带等与环境的协调以及路线在自然景观中的宏观位置。

道路线形与景观的协调包括：道路绿化、建筑装饰、标志设置等。可通过护栏、植树、处理边坡、设置交通标志及路面划线来改善行车条件，诱导视线和美化景观。例如：曲线外侧及丁字路口植树绿化可指引道路方向；直线或曲线弯曲点附近有凸顶，可在分隔带或路旁植树，有利于给司机预告道路方向；为避免过长直线招致车祸，可设置一些醒目的标志或者纪念碑，以调整司机视觉，减轻单调疲劳感觉；注意避免大填挖对自然景观的破坏，可用绿化隐蔽不雅观的景物（如陡峭的沟谷、杂乱的取土坑、造型不良的房屋等）。道路线形与景观的配合主要体现在以下几方面。

（1）道路定线时，应使它们的形态柔和优美，并与附近的自然景色和建筑艺术相结合。应体现路线的柔和美。在这种情况下，按景观设计的原则，要求路线采取柔和匀顺的空间曲线插入自然地形之中，但并不要求迁就地形的微小起伏。

（2）在对路线的平面和纵面进行设计时，应与地形相结合，从而保证路线平顺。平面和纵面上的突变感觉只有在采用较大半径的平、竖曲线时才能消除。

平竖曲线的半径、长度和偏角（或转坡角）大小应相适应，以取得平缓而流畅的线形。

（3）道路的线形应能提供开阔的视野，并尽量利用最佳的景观特征引人入胜；道路线形和附近构造物应纳入周围景色中，使道路使用者得到优美和谐的体验。

（4）道路路线要在符合技术要求的条件下，尽量适应地形地貌及自然景观，避免有过大的填挖，力求与周围景色融为一体，不可避免时应在施工后迅速恢复其外观。

（5）道路应该具有优美的三维空间外观，应当是顺畅连续和可以预知的，并应与周围建筑物保持适当的比例。

（6）为符合道路美化的要求，应当在道路用地范围内进行综合绿化处理，注意美化路容、诱导视线和防止冲刷。道路和环境的绿化将能衬托出风景的优美，并正确预估前方路线的特征。

总之，道路与景观的作用是相互的。良好的设计可为当地景观增添现代气息，而风景的利用不仅可以使道路使用者感到赏心悦目，而且可以有效提高行车安全。

第二节　基于人类工效学的道路线形设计理论

一、现有设计理论的缺陷

"道路线形设计新理论"认为，现行以"汽车行驶理论"为基础的道路设计理论仅仅是保障了汽车在运动学方面的最小安全性，而未充分考虑道路使用者的心理生理特性与要求。①平面设计中，平曲线半径的确定原理是以标准汽车按照一定速度通过弯道时的横向稳定性为前提的，其计算公式中，横向力系数是与人的舒适感受相联系的，即横向力系数越小，舒适性越好。该确定原理的其缺点有两个：首先是舒适性感受是一个定性的指标；其次，横向力系数的确定只孤立地考虑了该曲线自身的情况。②纵断面设计时，最重要的控制性指标是最大纵坡、最大坡长和最小坡长。最大纵坡和最大坡长，是基于汽车的动力特性、道路等级、自然条件及工程运营经济的分析等因素确定的，这在汽车方面可谓考虑得周全备至；但在驾驶员方面，除了下陡坡时注意到了驾驶员的因素外，其他方面都没有考虑道路使用者的感受与反应。③在横断面方面，车道宽是以标准车的横向尺寸加横向摆动宽构成的。路肩宽度则主要是考虑对行车道的保护及方便临时停车。其实不管是车道宽还是路肩宽，不同的车道宽和路肩宽肯定会给车辆驾驶员带来不同的心理、生理反应，从而影响行车安全。

道路线形设计新理论提出，以道路使用者的交通需求和生理—心理反应特征作为道路线形设计的理论基础，用动的观点设计路线的各个元素，力求协调统一。用道路线形设计新理论来检查现行以"汽车行驶理论"为基础的道路平、纵、横设计主要指标的选取情况。

二、道路交通中的人类工效学需求

人类工效学也称人机工程学、工程心理学、人因工程学等，在国外开始于20世纪30年代。人类工效学的基本定义为研究人和机器、环境的相互作用及其合理结合，使设计的机器和环境系统适合人的生理、心理等特征，达到在生产中提高效率、安全、健康和舒适的目的。道路交通是由人、机、环境组成的一个复杂的动态的人机系统。在此，"机"不光是指汽车，还包括道路；环境也不光是指驾驶员所处的驾驶室，还指道路沿线与行车有关的除路和车辆以外的方方面面。一般人机系统的"机"与环境都是相对固定和静止的，而道路交通系统中的"机"和环境则是动态变化的。以往对道路交通系统中的人与汽车之间的"小"人机系统研究得较多，但对道路设施怎样符合动态的驾驶员的心理、生理要求研究较少，因而常常发生交通安全问题。应当把人机工程学理论和原理应用于其中，体现处处以人为主体的，人、机、路、环境系统的最佳协调。

三、驾驶员舒适性基础理论与紧张度分析方法

（一）驾驶舒适性的心理、生理素质特征

解剖学家把神经系统分为中枢神经系统和周围神经系统两部分。中枢神经系

统由脑和脊髓组成，周围神经系统包括躯干和自主神经系统。周围神经系统广布全身，把全身各器官与中枢神经联系起来，以使中枢神经系统实现对整个机体的调节。交通环境刺激通过传入神经作用于驾驶员，使之产生视觉听觉等。驾驶员经过大脑皮层初步的认知活动，根据已有的经验判断，做出驾驶决策。这种决策再通过大脑皮层传出神经将意志决定传给效应器官，作出恰当的动作效应，从而使驾驶员安全驾驶。各个过程相互联系、相互制约，构成一个完整的心理活动。

（二）驾驶员行车紧张性与心率的关系

同一个人，心率的快慢会受其病理、饮食、姿势、情绪和智力活动的影响。如果在其他条件相对不变的情况下，给某人以紧张的刺激，则该人的心率会随着刺激强弱而发生变化。驾驶员在道路上行车，时刻会有来自道路线形、车辆和环境等方面的刺激。以道路为例，如果道路线形在某些部位出现急弯陡坡，或者组合连接不畅，则驾驶员行车至此路段，会因为紧张而引起心率的急速加快。对于紧张与心率间的关系，生理学分析如下。

（1）驾驶员从一段长直线路段高速进入小弯道之前，小弯道的形状会转变成视觉刺激进入驾驶员的脑中枢。

（2）脑中枢依据视觉刺激的强弱，经快速处理后将冲动经延髓、脑干网状结构、下丘脑等部位传至脊髓上的交感神经，使驾驶员的交感神经产生兴奋。

（3）交感神经的兴奋，使其节后纤维释放的去甲肾上腺素增多，促使钙离子从心肌细胞膜外流向膜内。

（4）心肌细胞膜内外离子浓度的改变，必将对心肌细胞的生物电活动和生理特性产生明显的影响，从而影响驾驶员心率变化。

心率能很好地反映车速和道路线形对驾驶员的影响。因此，可以用心率这个人体最普通的生理反应指标来研究驾驶员行车时心理紧张与车速和道路线形之间的关系。

（三）驾驶员紧张度的分析

用心率来表示驾驶员的心理紧张程度是符合实际的，而且有一定的规律性。但是不同的驾驶员心率是不同的，也就是说心率不能定量反映驾驶员的紧张程度。因为每个人的心理变化是一致的，所以可以用心率增长率来衡量人的紧张程度。为了定量研究驾驶员紧张程度和实际操作的关系，用驾驶模拟舱对紧张度标准做了初步研究。

（四）基于驾驶员心率增量的平曲线半径设计

道路平曲线由圆曲线和缓和曲线构成，是道路线形最丰富的组成部分。平曲线在给道路交通带来巨大价值的同时，也给人们的汽车出行带来不利的影响，如与车速不相适应的过小半径的平曲线、位置设置不当或组合不合适的平曲线等，轻者给驾驶员或乘客带来紧张与不适，重者造成交通事故。据一些资料统计分析，道路上有相当比例的交通事故是发生在平曲线上，而且平曲线半径越小，发生事故的概率就越大。

1.自由流下驾驶员心率增量与平曲线半径和车速间的关系

确定和计算三参数（心率增量N、平曲线半径R和车速V）样本数据的具体方法是：

（1）确定行车试验起点和终点间不受超车、被超车和跟车影响的时段；

（2）选择包含有平曲线在内的这些符合条件的时段；

（3）在其间找到每个平曲线的曲中点；

（4）计算曲中点左右5~6s内行车速度和驾驶员心率增量的均值。

这样就采集到了各个驾驶员沿途行车时在各个符合条件的平曲线中圆曲线上三参数对应的总样本数据。对总样本数据进行一定的处理，即由于平曲线半径的离散性及样本量较大，所以同一个平曲线半径R上对应有许多个速度值和心率值，又由于受"无车流影响"的约束，有的R上所对应的速度值和心率值的数据较少。对在R<2000m范围内的平曲线求同一半径R所对应的多个车速和心率数据的平均值并按置信度为95%的置信区间剔除少数落在区间以外的数据，然后再求平均值。

2.平曲线上超车行驶时心率增量与半径和车速的关系

上述的各种状况分析是在无超车、被超车和跟车影响下的纯自由流环境中。事实上，驾驶员在道路上行车，随时都有可能与道路上的其他车辆交会，发生超车、被超车和跟车。接下来主要分析在有其他车流影响的条件下，驾驶员在平曲线上的驾车行为特性及心理、生理的反应。

超车行驶时，驾驶员的心理紧张是忽轻忽重的。正像上面分析的那样，此时驾驶员行车的紧张，完全由前车的车型、行驶状态和车速决定。视前车的速度和横向占用车道或摆动的情况，即使是在相同的路段，驾驶员有时会毫无反应地完成超车，有时却要付出心理高度紧张的代价。

3.夜间行车时心率增量与平曲线半径和车速的关系

夜间行车时驾驶员的视野减小，视觉清晰度降低，与白天行车时相比，应该感觉更加紧张。本部分定量研究在无其他车流影响的条件下，驾驶员在夜间行车时平曲线半径、车速和心率增量之间的关系。与白天行车时相比，三个参数两两之间趋势大体相同，只是幅度上有所变化。车速随半径的增大仍旧呈先迅速后缓慢增加的趋势，但车速与白天相比却大大降低。相反，虽然车速与白天相比降低了很多，但心率增量却稍稍有所升高，而且心率增量随平曲线半径变化的离散性更大，这些特性是由于黑夜给驾驶员视觉上带来不便以及偶尔受对向车灯的照射出现炫目造成的。

四、基于驾驶员心率增量的弯坡设计

弯坡组合路段是道路行车的一个不舒适且不安全的地点，驾驶员既要忙于操纵方向盘，又要注意对下坡处重力分量引起的车辆前行的动力加以适当的制动及对上坡时重力分量引起的阻力采取换挡增加牵引力加以克服。如果由于线形前后的连接不合理，使得行驶车辆以较高的速度进入下坡的弯坡组合较剧烈的路段，则这种路段对行车驾驶员的驾车技术、心理素质、反应素质等都是一种严峻考验，当然，也会给交通安全带来严重威胁。

（一）弯坡组合影响驾驶员心理生理特性的单因素分析

为了分析弯坡路段驾驶员行车时的心理生理变化特性，先分别考虑在弯坡路段单一因素对驾驶员行车时心率的影响。如果道路线形在某些部位出现急弯陡坡，或者组合连接不顺，驾驶员行至这些路段时，会因为紧张而引起心率的急速加快。与平曲线路段相比，弯坡路段上需多考虑一个纵坡值因素对行车心理生理反应的影响。驾驶员在弯坡路段行车时，其心率增量随着坡长的增加而降低，但数据较为离散。而且，当坡长大于100m时，其心率增量的离散程度随坡长的加长而变大。这说明，当坡长较大时，能够引起驾驶员不同程度的注意，并采取有效的安全保证措施。

驾驶员在弯坡路段上行车时的心率增量随平曲线半径的增大有增大的趋势。当半径小于120m时，变化较快；半径大于120m时变化较缓。但是，心率增量维持在35次/min附近，下限为30次/min，上限为40次/min，这说明弯坡路段是比较危险的。经相关的研究表明，这主要是车辆的速度、纵坡坡度、纵坡坡长等因素共同作用的结果。在弯坡路段行车时，驾驶员的心率增量随坡度大小的增加而增加。坡度小于4%时心率变化较快，坡度大于4%时心率变化较缓。当坡度等于7%时心率增量为40次/min，当坡度小于3.2%时心率增量小于30次/min。

驾驶员在弯坡路段上行车时心率增量随着速度的增加而增加。当速度大于42km/h时，驾驶员的心率增量出现了离散现象，并且随着车速的提高离散度加大。当速度小于42km/h时，驾驶员的心率增量小于30次/min；当速度大于52km/h时，驾驶员的心率增量大于40次/min。

（二）弯坡组合影响驾驶员心理生理特性的多因素分析

在弯坡组合路段上行驶的车辆，受多个因素影响，从前面分析可知，坡长对于驾驶员的心理生理影响比较小，为了分析方便和计算模型的通用性，坡长的影响忽略不计。

五、人类驾车时的平、纵线形组合设计

平面和纵断面设计的各项几何技术指标按相应的技术标准规定选用后，尚不能保证道路线形设计完美，重要的是还要结合地形、景观，从视觉方面进行平面线形和纵断面线形的协调设计。计算车速越高，道路等级越高，越应引起重视，并做到线形连续、视觉良好、景观协调和行车安全舒适。对于混合交通的低等级道路或V<40km/h的道路，应在保证行驶安全的前提下，做到各种线形要素（直线、圆曲线、回旋曲线、直线纵坡、竖曲线）之间的合理组合，尽量避免和减少不利的组合。

（一）视觉分析

1.视觉分析的意义

道路线形设计除应考虑自然条件、汽车行驶力学等方面的要求外，还要把驾

驶员在行车过程中心理和视觉上的反应作为重要因素来考虑。汽车在道路上快速行驶时，驾驶员通过视觉、运动感觉和时间变化感觉来判断线形的变化，所观察到的物体按一定速度运动。因此，动视觉是连接道路与汽车的重要媒介。视觉分析是指从驾驶员的视觉及其心理反应出发，对道路的空间线形及其与周围自然环境和沿线建筑物的协调性进行研究分析，以保持视觉连续性和舒适性，使行车具有足够的心理舒适感和安全感的综合设计。视觉分析的意义在于将道路的线形、周边环境质量与驾驶人员在行车中的动态视觉及其心理反应联系起来，体现道路几何设计以人为本的思想。

2.视觉与车速动态规律

驾驶员的视觉判断能力与车速密切相关，车速越高，其注视前方越远，且视角逐渐变小。研究表明，驾驶员的注意力集中程度和心理紧张程度随车速的增加而增加。注意力集中点和视野距离随车速加快而增大，高速行驶时，驾驶员前景细节的视觉开始变得模糊不清。车速增加到97km/h时，他的注意力将集中于前方610m以外的某一点。驾驶人员的周界感随车速的增加而减少。当车速达到72km/h时，驾驶人员可以看到道路两侧视角30°～40°的范围；当车速增加到97km/h时，两侧视角减至20°以下；车速进一步增加，驾驶人员的注意力将随之引向景象中心而置两侧于不顾。视角随车速逐渐变窄，高速行驶时驾驶员无法顾及两侧景象。

驾驶员的静态和动态视力不同。车速越高，物体的相对移动速度也越高，眼睛转动的角速度必将加快。根据运动视觉心理学分析，在运动状态下，驾驶员的视力比静止时低10%～20%，特殊情况下低30%～40%。

在驾驶过程中，驾驶员的动视觉具有如下特点。

（1）驾驶过程中，驾驶员不易全面正确感觉车外的情况变化。一般驾驶员在视野内觉察一个目标约需0.4s，清晰辨认约需1s。在高速运动时，视野变小，外界景物的相对运动速度也增加，导致物体在视野内的作用时间变短。如在视野内的作用时间小于0.4s，驾驶员就无法发现目标，达不到1s，就无法分辨目标的细节。

（2）驾驶过程中，驾驶员的空间分辨能力降低。随车速增加，驾驶员的视力呈下降趋势，视野距离会缩短，车速增加，景物距汽车越近，景物在视野内的作用时间也会变短。

（3）高速行驶时，驾驶员易形成"道路催眠"。随车速的增加，驾驶员的空间辨别范围缩小，注视点前移，两眼凝视远方并集中于一点，形成"隧道视觉"，使外界的刺激减少，只注视单调的暗色路面。当交通环境变化不大时，单调的信息对大脑皮层某些点的重复刺激，会使神经细胞呈现抑制状态，形成"道路催眠"。

（4）高速行驶时，驾驶员更易出现错觉，导致判断失误增加。高速行驶时，驾驶员在单位时间内接收的信息量显著增多。据研究，单位时间内的刺激物出现次数越多，驾驶员出错的比例越大。

3.视觉分析方法

汽车快速行驶中，道路的立体形状给驾驶员提供了连续不断的视觉影像。该视觉印象的优劣，除依靠设计者对三维空间的想象判断外，比较好的方法是用视觉印象随时间变化的道路动态透视图进行评价。透视图可判断平面线形、纵断面线形以及道路和景观是否协调，也可检查超高过渡段、构造物设计等的效果，道路几何设计的所有部分几乎都可用透视图检查。设计中用透视图检查出存在缺陷的路段可随时进行修改，再绘制透视图进行分析研究，因此，透视图是视觉分析的较好方法。

（二）组合设计原则

道路建成以后，要改变道路路线线形几乎是不可能的，它将长期限制汽车的运行。在进行线形设计时，必须对道路应具有的性能与作用进行充分研究，以免留下后患。线形设计的好坏，对汽车行驶的安全、舒适、经济以及道路的通行能力都起着决定性的作用。道路线形设计首先是从路线规划开始的，然后按选线、平面线形设计，以及纵面线形设计和平、纵线形组合设计的过程进行，最终是以平、纵组合的立体线形展现在驾驶员眼前。行驶过程中驾驶员所选择的实际行驶速度，是由他对立体线形的判断做出的，因此立体线形组合的优劣最后集中反映在汽车的车速上。如果只按平面、纵面线形标准分别设计，而不将二者综合起来考虑，最终不一定能得到好的设计。当计算行车速度大于或等于60km/h时，必须注重平、纵的合理组合；而当计算行车速度小于或等于40km/h时，首先应在保证行驶安全的前提下，正确地运用线形要素规定值（最大、最小值），在条件允许情况下力求做到各种线形要素的合理组合，并尽量避免和减少不利组合。平、纵线形组合设计是指在满足汽车运动学和力学要求的前提下，研究如何满足视觉和心理方面的连续、舒适与周围环境的协调和良好的排水条件。道路平、纵线形组合设计的原则如下。

（1）在视觉上能自然地引导驾驶员的视线，并保持视觉的连续性。在视觉上能自然地引导视线，是衡量平、纵线形组合最基本的原则。任何使驾驶员感到茫然、迷惑和判断失误的线形，必须避免。前方平面线形可能存在转弯，也可能不存在转弯，不能给驾驶员明确的道路走向，易造成驾驶员迷茫，无法引导视线。前方路线走向明确，能很好地引导视线。

（2）平、纵线形技术指标大小应保持均衡。如果不平衡，会给人不畅快的感觉，失去视觉上的均衡性，均衡性影响线形的平顺性，且与工程费用相关。如纵断面线形反复起伏，而平面上采用高标准的线形是无意义的，反之亦然。

（3）选择组合得当的合成坡度，以利于路面排水和行车安全。

（4）注意与道路周围环境相配合。良好的立体线形应与道路周围环境协调，可减轻驾驶员的疲劳和紧张程度，并起到引导视线的作用。因地形条件、工程建设投资等影响，对设计速度较低的道路，当立体线形难与道路周围环境协调时，可采用植树、设置路标等方法加以改善。

（三）组合设计方法

1.平、纵线形组合的形式

（1）组合形式：通过分解立体线形要素，平、纵线形有以下六种组合形式。

①平面要素为直线，纵断面要素是直坡线，构成恒等坡度的直线。这种组合线形简单、行车枯燥，视景缺乏变化，易使驾驶员产生疲劳和频繁超车、超速。设计时应采用画车道线、设标志、绿化，并与路侧设施配合等方法调节单调的视觉，增进视线诱导。

②平面为直线，纵断面是凹形竖曲线，构成凹下去的直线。这种组合具有较好的视距条件，能给驾驶员以动的视觉效果，行车条件较好。设计时应避免采用较短的凹形竖曲线，在连续两个凹形竖曲线间注意避免插入短的直坡段，在长直线末端不宜插入小半径的凹形竖曲线。

③平面为直线，纵断面是凸形竖曲线，构成凸起的直线。这种组合视距条件

差，线形单调，应注意避免；无法避免时应采用较大的竖曲线半径，若长直线上反复凸凹时，应注意避免出现"驼峰""暗凹"和"浪形"等不良视觉现象。

④平面为曲线，纵断面是直坡线，构成恒等坡度的平曲线。这种组合只要圆曲线半径选择适当，纵坡不过陡，即可获得较好的视觉和心理感受，设计时须检查合成坡度是否超限。

⑤平面为曲线，纵断面是凹形竖曲线，构成凹下去的平曲线；平面为曲线，纵断面是凸形竖曲线，构成凸起的平曲线。这两种是较复杂的组合形式。若平、纵面线形要素大小适宜，位置适当，均衡协调，可获得视觉平顺、视线诱导良好的立体线形；相反，则会出现一些不良后果。

2.平、纵线形组合的基本要求

（1）平曲线与竖曲线宜相互重合，且平曲线应稍长于竖曲线。这种组合是平曲线和竖曲线对应设置，最好使竖曲线的起终点能够分别放在平曲线的两个缓和曲线内，且能做到"平包竖"。这种立体线形既能起到引导视线的作用，也可得到平顺而流畅的效果。一般应使平、竖曲线半径都大一些为宜，特别是凹形竖曲线处车速较高，二者半径更应大一些。

（2）平曲线与竖曲线大小应保持均衡。一个长的平曲线内有两个以上凹、凸相间的竖曲线，或一个大的竖曲线含有两个以上反向平曲线，看上去非常别扭。保持平曲线、竖曲线的半径和长度均衡，能在视觉上获得协调的感觉。平、竖曲线长度，若能达到组合得当的情况，则是均衡的。竖曲线的起、终点宜分别设在平曲线的两个缓和曲线内，其中任一点都不要设在缓和曲线以外的直线上或圆曲线内。若平、竖曲线半径都很大且坡差较小时，则平、竖位置可不受上述限制；若达不到平、竖曲线的较好组合，可将二者拉开适当距离，使平曲线位于直坡段或竖曲线位于直线上。

（3）直线与直坡线、直线与凹形竖曲线、直线与凸形竖曲线、平曲线与直坡线是常用的组合形式。这些组合中都含有直线或直坡线，是设计中经常采用的平、纵组合。只要圆曲线半径或竖曲线半径能达到一般值以上，便能获得视觉良好、行车舒适的效果。路侧适当植树，能起到引导视线的作用。

（4）要选择适当的合成坡度。合成坡度过大，对行车安全不利，特别在冬季结冰期更危险，车辆易打滑、侧滑，甚至发生倾覆、坠崖事故。山区坡度大的路段插入小半径平曲线时，应控制最大合成坡度，陡峻傍山路段的合成坡度宜小于8%。合成坡度过小，不利于路面排水，车辆易打滑、制动距离增加、高速行驶产生溅水，影响行车安全。当变坡点与路面横向排水不良的平曲线路段组合，易形成过小的合成坡度，排水不利，妨碍高速行车。合成坡度一般应不小于0.5%。

3.平、纵线形设计中应避免的组合

平、竖曲线重合是一种理想的组合，但因地形等条件限制，这种组合常不能做到。如平曲线的曲中点与竖曲线的顶（底）点位置错开不超过平曲线长度的1/4时，仍可获得比较满意的外观；若错位过大或大小不均衡，将会出现视觉效果很差的线形。

（1）要避免使凸形竖曲线顶部或凹形竖曲线的底部与反向平曲线的拐点重合。此类组合都存在不同程度的扭曲外观。前者不能正确引导视线，会使驾驶员操作失误，引起交通事故；后者虽无视线诱导问题，但路面排水不畅，易产生积水。

（2）计算行车速度不小于40km/h的道路，应避免在凸形竖曲线的顶部或凹形竖曲线的底部插入小半径的平曲线。在凸形竖曲线的顶部设有小半径的平曲线，不能引导视线，且急转弯行车不安全。在凹形竖曲线的底部设有小半径的平曲线，会出现汽车加速行驶中急转弯，可能发生危险。

（3）避免小半径的竖曲线与缓和曲线重合。对凸形竖曲线诱导性差，事故率较高；对凹形竖曲线路面排水不良，影响行车安全。

（4）避免将小半径的平曲线起、讫点设在或接近竖曲线的顶部或底部。凸形竖曲线顶部设在小半径曲线的起、讫点时，该线形失去引导视线的作用，驾驶员须接近坡顶才发现平曲线，导致不必要的减速或交通事故；凹形竖曲线底部设在小半径曲线的起、讫点时，汽车在该线形上会出现高速行驶急转弯，行车不安全。

（5）避免在长直线上设置陡坡或长度短、半径小的竖曲线。长直线与凸形竖曲线组合，视线引导差，行车茫然；长直线与陡坡组合易使驾驶员超速行驶，危及行车安全；长直线与凹形竖曲线组合，使驾驶员产生坡底狭窄的视觉，心理紧张，行车不安全。

（6）避免出现驼峰、暗凹、跳跃等使驾驶员视线中断的线形。平原微丘区的高速公路设计，因地形平坦，圆曲线半径一般较大；但因沿线通道多，为减少工程数量，降低路基填土高度，有时不得不在一个长的平曲线内多次变坡。在一个平曲线或一段长直线内包含几个竖曲线，特别是小半径竖曲线，易出现驼峰、暗凹、跳跃等线形，使前方道路失去连续性。实践表明，当纵坡不大且坡差较小时，只要坡长和竖曲线半径选择得当，多次起伏并不影响线形的连续性。另外，长直线上反复凸、凹的线形，尽管纵坡不大、视线良好，但这种平直路段上超速、超车较多，资料显示，这种路段交通事故占各种平纵组合路段90%以上。

4.平、纵线形组合与景观的协调与配合

道路景观工程包括内部协调和外部协调两方面。其中内部协调主要指平、纵线形视觉的连续性和立体协调性；而外部协调性是指道路与其两侧坡面、路肩、中间带、沿线设施等的协调以及道路的宏观位置。实践证明，线形与景观的配合要遵循以下主要原则。

（1）应在道路的规划、选线、设计、施工全过程中重视景观要求。尤其在规划和选线阶段，比如，风景区、自然保护区、名胜古迹区等景点和其他较特殊的地区，一般以绕避为主。

（2）尽量少破坏沿线的自然景观，避免深挖高填。

（3）应能提供视野的多样性，力求与周围的风景自然地融为一体，充分利用自然风景如湖泊、大树等，或人工建筑物如水坝、农舍等。

（4）不得已时，可采用修整、种草皮、种树等措施加以补救。

（5）条件允许时，宜适当放缓边坡或将其边坡修整圆滑。

（6）应进行综合绿化处理，避免形式和内容上的单一化，将绿化视作引导线、点缀风景以及改造环境的一种技术措施进行专门设计。

道路作为一种人工构造物，应将其视为景观对象来研究。修建道路会对自然景观产生影响，甚至产生一定破坏作用。而道路两侧的自然景观又会影响道路上车辆的行驶，特别是对驾驶员的视觉、心理以及驾驶操作等都有很大影响。平、纵线形组合设计必须要在与道路所经地区的景观相配合的基础上进行，否则即使线形组合符合有关规定也不一定是良好设计。对驾驶员而言，只有看上去具有优美的线形和景观，才能称为舒适和安全的道路。对设计速度高的道路而言，平、纵线形组合设计与周围景观彼此协调更为重要。

（四）线形设计检验与评价的方法

要使线形设计具有最优的经济建设性，在营运期具有最佳的安全性、舒适性，最佳的使用质量和服务水平，在设计阶段就应该对线形进行检验和评价，找出缺陷进行改善，使得各线形要素的组合达到最优。目前，国内外对线形评价的方法很多，从设计的安全性、连续性、一致性、经济性等方面都进行了研究。道路线形设计应具有良好的设计质量，保证道路在使用年限内能够使行车安全、快速、经济、舒适。线形设计的质量可以用道路透视图、沿线运行速度、油耗量、事故率等方法进行检验和评价。目前，国内对公路线形进行评价的方法主要有以下6种。

1.沿线油耗图

油耗图的评价方法可以用来分析公路纵坡线形设计的合理性，多用于越岭线路线方案的比选中。将各方案中汽车行驶所消耗的油量绘制成图，在耗油量图中进行分析，比较总耗油量的多少，分析全线耗油量是否均匀，通过比较选择较好的设计方案。燃油消耗量主要与汽车本身的结构（如外形尺寸、质量、发动机类型、传动系等）及汽车的使用特性（如行驶速度、挡位、道路阻力等）有关。然而，道路使用特性严重影响着汽车的燃油消耗量。汽车在连续和平整的道路上行驶，可以获得较高的行驶速度，燃料经济性较好；汽车在凹凸不平或线形不连续的道路上行驶，行驶速度低，换挡和制动次数增加，燃油消耗量大，且加速了一些零部件的磨损和轮胎磨损。为提高燃油经济性，应采用协调、连续的道路线形和平整的路面，保证行车视距和安全净空，注重景观设计，减少侧向干扰，使车辆匀速、顺畅运行。

2.道路透视图

线形设计应综合考虑公路的平面、纵断面、横断面三者间的关系，做到平面顺适、纵面均衡、横面合理，必要时可运用公路透视图进行分析与评价。透视图法主要用于对特殊路段的检查，如平、纵组合是否合理，驾驶员视线是否无阻，前方路线与景观是否协调等，使设计人员能直观地检查到公路平、纵、横立体形状及其与周围环境的协调配合，是评价立体线形的一种直观有效的方法。但这种方法只能是定性的评价，不能对线形进行定量评价，没有确定的指标来评价公路立体线形效果的好坏，只能作出视觉上的评价。

道路透视图是根据道路的基本设计资料，利用透视原理将道路以三维空间的方式展现，利用透视图判断路线的平纵面线形组合是否连续、道路与周围环境是否协调、立体线形对驾驶员视线的诱导是否良好，也可对视距进行检查。可通过道路三维建模软件建立道路及周围环境的三维模型，生成动态或静态全景透视图或制作全线三维动画，供设计者评价道路线形设计的质量。

3.事故率预测模型

该方法从行车安全的角度出发，利用交通事故率与路线几何要素的关系来评价或控制路线线形的设计。主要根据交通事故调查资料，采用回归分析的方法，建立平面线形、纵断面线形、车道宽度、行车视距、平纵组合线形等与事故率的关系曲线并拟合成公式，从而确定事故多发点和控制路线线形的指标，对公路线形设计具有一定的指导意义。

通过对大量事故资料的统计分析得出，道路交通事故的发生主要与人、车、路和环境相关，就道路而言，又包括交通量、平面线形、纵断面线形、横断面宽度、视距、交叉口状况、路面类型、路侧安全距离等因素。根据这些影响因素得到道路的各种条件与事故率之间的回归模型，这些回归模型可以用来分析道路线形与事故率之间的关系，对线形设计的质量进行分析。

4.横向加速度变化率法

横向加速度变化率是在考虑了平纵横三个方面的基础上提出的一种评价方法。它考虑了汽车动力性的要求，建立了在公路线形设计中的控制和评价方程，通过该方程可以对路线各几何要素进行控制和评价。缺点是该方法并没有给出具体的评价标准。

5.运行速度法

在车辆的行驶过程中，其运行速度不可能是一成不变的，它是随着道路线形、路面状况、天气条件及交通状况和驾驶员的状态而变化的。运行速度主要用来评价道路线形设计的连续性，采用相邻单元路段间运行速度的变化值进行评价。运行速度的大小受到道路几何条件的影响，所以可以通过一定的数学方法将运行车速、线形和交通安全资料组合到一起，发现其中的规律，进而建立公路线形设计的安全性评价标准和车速管理标准，为公路的安全性设计和管理打下基础，真正使其成为安全、快速、舒适的高等级公路。

道路的连续性可以评价线形设计的安全性，是评价线形设计质量的一个重要指标。线形设计连续性是指道路设计中的几何要素与驾驶员的期望速度相适应的特性。期望速度是指特定的道路几何要素所对应的运行速度,该速度以设计速度为中心上下波动,形成沿线运行速度分布曲线,反映了道路几何要素的变化情况。连续的道路线形可以保证车辆行驶安全,线形设计要素与车辆行驶速度密切相关,线形要素的任何突变,都将出现不连续的运行速度,造成驾驶员的不适应和操作匆忙,并使该位置发生的交通事故具有聚集性。

当驾驶员以期望速度行驶时,有充足的反应时间,其判断失误较少。但是,当路线几何要素与驾驶员的期望不一致时,驾驶员仍习惯性地按所期望的速度行驶,当在这种路段上出现意外情况,如线形要素指标变小、驾驶员反应时间不足,无法从容采取措施,发生事故的概率将增大。因此,连续的运行速度是路线设计连续性的最终表现,以相邻路段运行速度的变化值作为评价道路路线设计的标准。

6.可能速度法

可能速度是指在良好的气候条件和交通条件下,汽车行驶只受道路本身几何条件影响,技术熟练的驾驶员驾驶汽车沿某条道路行驶时可能达到的速度。可能速度预测模型是根据汽车的动力性和平、竖曲线的允许速度,在初定路线平、纵面各技术指标基础上建立的。模型假设道路的横向加速度轴向加速度及竖向加速度是连续的,分别建立横向允许速度、轴向行驶速度和竖向允许速度计算模型,并取三种速度中最小值作为可能速度预测值。应用可能速度对线形进行检验的方法是根据路线的平、纵面而设计参数,采用可能速度预测模型计算沿线的可能速度,并绘制沿线可能速度图,根据可能速度变化应连续、均衡、协调的原则对路线的线形进行检查评价。可能速度也是确定其他技术指标和布设沿线设施的依据。

第二章 城市快速路设计

第一节 通行能力及服务水平

一、城市快速路设计的基本规定

城市快速路是城市中有较高车速为长距离交通服务的重要道路，主要联系市区各主要地区、主要近郊区、卫星城镇、主要对外公路。城市快速路是城市道路中设有中央分隔带，具有4条以上的车道，全部或部分采用立体交叉与控制出入，供车辆以较高的速度行驶的道路。

国内外城市交通实践证明，修建城市快速路是解决大城市机动车辆交通问题的主要措施之一。快速路的主路具有单向双车道或多车道、全部控制出入、通行能力大、行车车速高等特点。快速路系统设有配套的交通安全与管理设施系统。城市快速路是标准较高、要求较严的高等级道路，也是城市中快速疏散交通流的主要道路，为使城市快速路达到设计要求，在设计过程中应按照《城市快速路设计规程》（CJJ 129-2009）中的要求，符合如下基本规定。

（1）城市快速路设计应与城市其他道路合理分配交通，使其达到路网的最佳效果。

（2）城市快速路线形设计中的平面与纵断面应进行综合设计，做到平面顺适、纵断均衡、横面合理。应保证视觉性诱导，线形连续、安全与舒适。

（3）城市快速路设计车速宜采用60km/h、80km/h和100km/h。辅路设计车速一般宜采用30~40km/h，路段改变设计车速时应设置过渡段。

（4）按城市道路红线宽度及预测的交通量，快速路车行道宜分为双向四车道、六车道、八车道。车行道宽度按设计车速及车型宜分为3.50m、3.75m。

（5）城市快速路的交通管理设施及服务设施应与道路配套设计，以保证交通正常运行。

（6）城市快速路设计应重点做好出入口位置、间距、形式的综合设计，达到系统通行能力的均衡。

（7）城市快速路车行道下不得布设纵向地下管线。横穿快速路的地下管线设施，应将检查井设置在车行道路面以外。

（8）城市快速路设计应与道路绿化、排水、照明设计协调统一，与城市景观、环境统一，做好整体设计。

（9）城市快速路与高速公路不同，为满足行人的过路需求，在相应的位置必须设置人行天桥或地下通道。

（10）城市快速路公交停靠站及加油站宜设置在辅路上；当确实需要设置在主路上时应设置在与主路分离的停靠区内，停靠区出入口应满足快速路出入口最小间距的规定。

（11）城市快速路通过互通式立交区应设置集散车道，当出入口间距满足最小间距规定时，可不设置集散车道。

二、快速路通行能力及服务水平

按照《城市快速路设计规程》（CJJ 129-2009）中的规定，城市快速路的通行能力可分为基本通行能力和设计通行能力。不同设计车速的通行能力应为基本通行能力乘以道路相应设计服务水平的交通量与道路容量的比率及道路条件修正系数。

匝道的通行能力通常还受制于匝道入口（合流）或出口（分流）的通行能力，而出口、入口的通行能力又与快速路最右侧车道的通行能力和一个方向的通行能力密切相关。快速路服务水平分为A～F6个等级，在进行城市快速路设计时主线一般采用三级服务水平。

第二节 横断面设计

一、快速路横断面设计的一般规定

城市快速路横断面分为整体平地式和高架（地道）分离式两大类。整体平地式横断面主要由快速机快车道、变速车道、集散车道、紧急停车带、中间带、两侧带、辅路（慢速机动车道、非机动车道）和人行道或路肩等部分。高架（地道）分离式包括高架式或地道式快速机动车道和地面辅路系统，其中：快速机动车道由行车道、中间带、两侧防撞墙及紧急停车带、变速车道、集散车道等组成；地面辅路系统由机动车道、中间带（桥墩）、两侧带、非机动车道及人行道或路肩等部分组成，二者依靠上、下匝道相互联系。

按照《城市快速路设计规程》（CJJ129-2009）中的规定，在进行快速路横断面设计时应当符合以下一般规定。

（1）城市快速路横断面设计应符合城市道路规划的要求。横断面应按地面快速路、高架快速路、堑式快速路分别布设。

（2）城市快速路横断面可分为整体式和分离式两大类，整体式横断面可采用中央隔离带将上下行分隔单向行驶，分离式横断面上下行车辆可在不同位置单向行驶。

（3）城市快速路横断面可分为主路横断面和辅路横断面。主路可供机动车道行驶，双向车流必须设置中央隔离带分向行驶。辅路可供慢速机动车、非机动车及行人通行。主路和辅路间必须设置隔离栅、两侧带，并控制开口。

二、城市快速路横断面的布置方式

城市快速路的路段横断面布置方式可分地面整体式横断面、整体式高架道路横断面、分离式高架道路横断面等。地面整体式横断面，又可分为城区型和郊区型；整体式高架道路横断面又可分为无匝道横断面和有匝道横断面；分离式高架道路横断面也可分为无匝道横断面和有匝道横断面。

（1）地面整体式横断面可适用于地势平坦的城区，快速路主路宜布置在中间，辅路宜布置在两侧（单向行驶）或布置在单侧（双向行驶）。

（2）郊区快速路横断面主路与辅路可在同一平面，也可根据实际情况布置在不同平面，辅路可单侧或双侧设置。

（3）高架快速路按道路用地和交通运行特征不同可分别选用整体式高架路（上下行在同一平面运行）和分离式横断面（上下行在不同平面）。

（4）路堑式快速路主路应设置在地面下双向行驶，辅路（地面道路）应设置在主路两侧单向行驶或双向行驶。

（5）在立交范围内以及快速路出入口，横断面布置应与路段车道保持一致；当按规定设置集散车道或变速车道时断面应适当加宽。

三、城市快速路横断面车行道设计

车行道也称为行车道，指的是道路上供汽车行驶的部分。车行道可分为主路车行道和辅路车行道两部分。在进行车行道设计时应当符合下列要求。

（一）车行道宽度

主路车行道宽度包括根据交通发展预测交通量与通行能力二者关系确定的宽度、紧急停车宽度以及路缘带宽度之和。主路主要通行大型客车、货车或混行车，车行道宽度一般采用3.75m，当城市中心区以小型汽车为主时，可将车行道的宽度设为3.50m；高架路按交通组成划分车道宽，即小车为主的车道宽为3.50m，大车与小车混行的车道宽为3.75m；路缘带宽度为0.50m，两侧防撞墙的宽度为0.50m。

通常情况下，主路路段车行道按交通量可分为单向二车道、三车道和四车道。以行驶小车为主的四车道快速路，设2条3.50m小车道、2条3.75m的混行车道，另外，要考虑紧急停车带宽度；六车道快速路，设2条3.50m小车道、4条3.75m的混行车道；八车道快速路，设4条3.50m小车道、4条3.75m的混行车道。

（二）集散车道设置

当快速路出入口间距不能满足车辆交织以及加减速要求的最小间距时，应至少设置2个集散车道。集散车道计算行车速度应与主路出入口（或高架路上、下匝道口）的计算行车速度一致，与主路行车道之间应设分隔带，集散车道一般为双车道，其宽度为7.0m。平地式断面一般不另设置集散车道，以辅路代替。

（三）紧急停车带

为保证快速路通行能力及行车安全，四车道的快速路应设置2.5m连续或不连续的紧急停车带。不连续的紧急停车带每500m设一处。高架式快速路一般采用连续紧急停车带，平地式快速路可利用缩窄两侧带的方式灵活设置紧急停车带。

（四）变速车道设置

快速路的出入口衔接路段均应设置变速车道，与辅路或匝道相接。变速车道宜为单车道，宽度与直行方向主路车道的宽度相同，自干道的路缘带外侧算起，变速车道的长度应满足设计车辆加速和减速行程要求。

（五）辅路的设置

现行行业标准《城市快速路设计规程》（CJJ 129-2009）规定，快速路辅路的设置应符合下列要求。

（1）辅路在地面快速路中应设于主路的两侧或单侧，在高架路时应设于高架路下地面层，在城区宜连续设置。位于郊区的快速路辅路可连续设置或间断设置。

（2）设于主路两侧的辅路应采用单向交通，设于主路单侧的辅路可采用双向交通。

（3）高架路与地面道路应通过上、下匝道联系。

（4）地面快速路辅路的横断面布置，机动车与非机动车道应采用物体分隔或划线分隔。单向机动车、非机动车物体分隔时，机动车道的宽度不应小于7.5m；单向机动车与非机动车划线分隔时辅路的宽度不应小于8.5m；当机动车、非机动车交通量均较大时辅路的宽度可设为12~13m。

四、城市快速路横断面分车带设计

现行行业标准《城市快速路设计规程》（CJJ 129-2009）规定，快速路的上下行快速机动车道之间必须设置中间带加以分隔，中间带应由中央分隔带及两侧路缘带组成。

为保证快速路机动车的速度及行车安全，在设置快速路中间带时应符合下列规定。

（1）中间带的宽度一般不得小于3.0m，即中央分隔带为2.0m，两侧路缘带各为0.5m。

（2）城区快速路用地条件受限制时，中间带可适当缩窄；对向车流必须采用混凝土分隔墩或中央分隔护栏分隔，两侧应各设0.5m宽的路缘带。

（3）中央分隔带两侧应埋置路缘石，其外露高度不应小于180mm。

（4）高架路下中间带主要根据高架路桥墩布设而定，当其高架路上为4车道时，最小宽度为6m，即中央分隔带（桥墩）为5m，两侧各0.5m侧向余宽；当其高架路上为6车道时，最小宽度为7m，即中央分隔带（桥墩）为6m，两侧各0.5m侧向余宽。

（5）快速路上中央分隔带一般每1km设置断口一道，设置活动式分隔设施，作为紧急出入口；位于市中心区的高架路每0.5km设一断口；按规划设计封闭的原平交路口，不得另设断口；立交段匝道出入口的中央分隔带也不得设置断口。

五、快速路横断面路肩和侧石设计

路肩指的是位于车行道外缘至路基边缘，具有一定宽度的带状部分（包括硬路肩与土路肩），为保持车行道的功能和临时停车使用，并作为路面的横向支撑。机动车主路与非机动车路之间的隔离带之间用的石为侧石，非机动车路与人行路之间的石为缘石。路肩、侧石和缘石都是城市快速路的重要组成部分，分别起着不同的作用。按照《城市快速路设计规程》（CJJ 129-2009）中的规定，在进行这3项设计时应当符合以下要求。

（1）郊区型地面快速路断面，宜在机动车道的外侧设硬路肩和土路肩，硬路肩的宽度不应小于2.50m，土路肩的宽度不应小于0.75m。

（2）快速路上的主路、辅路路面横坡应采用单面直线坡，路面横坡度根据地形条件及路面面层类型可选用1.5%～2.0%，两侧人行道可采用1%～2%的单面直线坡度。

（3）郊区型断面两侧土路肩、硬路肩横坡度可比路面大1%，但位于路缘带部分的硬路肩横坡度应与路面相同。

（4）地平式断面在中央分隔带、两侧分隔带以及辅路的人行道侧均应埋设侧石（或侧平石），侧石顶应高出路面150~200mm；郊区型断面路边设硬路肩与土路肩时，应在路面与路肩之间埋混凝土缘石；隧道线形弯曲或地形陡峻段侧石可高出路面250~400mm，埋置深度应保证其稳定。

（5）侧石（或侧平石）与缘石材料可采用坚硬的岩石或抗压强度不小于30MPa的水泥混凝土，严寒、寒冷地区应采用抗盐、抗冻能力强的混凝土缘石。

第三节　平面设计

快速路属于城市道路中类别最高的道路形式，其机动车快车道形成一个相对独立和封闭的快速交通系统，其平面设计是整个设计的基础和重要组成，主要包括道路中线的线形设计和道路红线范围内的平面布置设计。

一、快速路线形设计的一般规定

对于城市快速路的线形设计要求，《城市快速路设计规程》（CJJ 129-2009）中有明确规定，在设计时应符合下列要求。

（一）快速路对线形设计的具体要求

（1）线形设计应根据规划确定的线位，结合水文、地质条件，合理利用地形；线形应与地物、景观、环境等相协调，合理运用技术指标。

（2）线形设计中平面、纵断面、横断面应进行综合设计，总体应协调、平面顺适、纵坡均衡、横断面合理。

（3）线形设计应保证车辆行驶安全与舒适，驾驶人员和乘客视觉良好，心理反应正常。

（4）线形设计应符合城市设计方面的要求，与城市环境相协调，保护文物古迹，节约资源，必要地段应进行环境评价后确定。

（5）同一设计车速的快速路路段的长度不得小于10km，不同设计车速的路段之间技术指标应逐渐变化，变化处应设置明显标志。

（二）快速路线形与桥隧构筑物协调要求

（1）快速路上的桥梁和隧道等构筑物应与路段线形统一。

（2）大型桥梁和隧道等构筑物的布设应与快速路线形协调。

（3）当桥梁和隧道等构筑物需要设置在曲线地段时，应尽量采用不设超高的圆曲线；当条件限制采用设置超高的圆曲线时，应当满足线形设计标准。

（4）快速路隧道宜设置为上、下分行的单向通道，隧道两端洞口应当设置必要的出口联络线。

（5）在立体交叉处选用各项技术指标时，应当与路段的设计相适应，必要时应采用透视图检验。

（三）快速路平纵线形组合设计的要求

（1）快速路的平曲线宜与竖曲线相对应，且平曲线的长度宜大于竖曲线的长度。

（2）快速路的平曲线应与竖曲线半径协调，竖曲线半径应大于平曲线半径的10倍。

（3）竖曲线顶部或底部不应设置小半径平曲线或作为反向曲线转向点。

（4）竖曲线与缓和曲线不宜重合。

（5）在同一平曲线内不宜同时出现凸形竖曲线及凹形竖曲线。

二、快速路的平面设计

城市快速路与其他类别的城市道路一样，其平面线形也是由直线、圆曲线和缓和曲线3种几何线形构成，平面线形设计的原则和方法也完全相同。但是，由于快速路本身具有独特的特点，因此，其直线、圆曲线和缓和曲线3种几何线形的控制标准与其他类别的城市道路有所不同。

（一）直线长度

对于城市快速路来说，过长的直线对道路工程并不好，过长直线容易使驾驶员感到单调、疲倦、注意力不集中，难以准确预测车间距，甚至产生急躁超车，导致交通事故。城市快速路平面线形中最大直线长度为20倍设计车速，同向曲线间最小直线长度为6倍设计车速，反向曲线间最小直线长度为2倍设计车速。

（二）圆曲线半径

城市快速路应采用大于或等于规定的不设超高的最小半径值。当地形条件受限制时，可采用设超高的推荐半径值；当地形条件特别困难时，可采用设超高的最小半径值。

（三）缓和曲线

快速路直线与圆曲线、大半径圆曲线与小半径圆曲线之间应设置缓和曲线，缓和曲线应采用回旋线。

（四）平面布置设计

城市快速路段平面设计，应当在道路标准横断面设计时就有所考虑，然后结合沿线的地形、地物情况，充分考虑快速路主线与辅路的连接关系，以及非机动车、行人的交通路线，在控制红线的范围内，逐段布置与设计。在城市快速路段平面设计中，应特别注意下列问题：主路与辅路的衔接及出入口处车道数的平衡；公交停靠站与行人的衔接；分隔带及其断口设计与机动车的交通组织；非机动车和行人过街的交通组织。

第四节　纵断面设计

城市快速路纵断面设计的主要任务，就是根据汽车的动力性能、道路等级和性质、当地的自然地理条件以及工程经济等来研究这条空间线形的纵坡大小及其长度。它是城市快速路设计的重要内容之一，不仅直接影响行车的安全和迅速、工程造价，而且还影响运营费用和乘客的舒适程度。

一、纵断面设计的要求

在进行城市快速路纵断面设计时，应符合下列基本要求。

（1）城市快速路纵断面设计，应根据城市规划竖向控制标高进行；当在某些地段出现矛盾时，应采取技术措施保证道路及附近区域地表水的快速排放。

（2）城市快速路纵断面设计应考虑地上、地下构筑物，以及管线、水文、地质等条件。

（3）快速路的纵断面坡度设计，应均匀、缓顺，不宜出现突变。

（4）快速路的纵断面坡度变坡点，应与平曲线设计相配合。

二、纵断面设计的规定

（一）纵坡设计的规定

（1）城市快速路的最大纵坡积雪冰冻地区不得超过3.5%，海拔3000m以上高原城市最大纵坡度应比表中所列数值减小1%。

（2）城市快速路的最小纵坡一般不小于0.5%，干旱地区或特别困难地段可以不小于0.3%，大中型桥及引桥的最大纵坡度不宜大于4.0%，隧道最大纵坡度不宜大于3.0%。

（二）坡长设计的规定

城市快速路在纵断面设计时，除了考虑最大纵坡以外，同样还要考虑陡坡最大的坡长和缓坡最小坡度问题。

（三）竖曲线设计的规定

城市快速路竖曲线最小半径及最小长度应符合相关规定的值，设计中竖曲线半径应采用大于或等于一般最小半径的值，当条件特别困难不便于布置时应大于或等于极限最小半径。

第五节　出入口设计

城市快速道路网建设是提高城市交通运输服务水平、缓解城市交通压力的重要措施。城市快速路出入口作为城市快速路网的重要组成部分，不仅连接城市快速路网和其他城市道路网，实现道路等级的过渡，其设置合理与否也直接影响城市快速路网整体效益的发挥。

一、快速路出入口设计的一般规定

（1）城市快速路路段出入口的位置、间距及形式，应当满足主线车流稳定、分合流交通安全迅速的要求。

（2）为确保快速路出入口处的交通顺畅、安全，出入快速路的匝道应设置为单向交通。

（3）城市快速路的主路和辅路出入口连接的两条道路，在快车路主路上必须设置变速车道；相接道路宜增设一条车道，保证快速路的进出通畅。

二、城市快速路的出入口位置

城市快速路的出入口，在一般情况下应设置在主线行车道的右侧。出入口位置应明显易于识别,因此,在设置城市快速路的出入口时应注意如下几点。

(1)城市快速路出入口附近的平曲线和竖曲线,应当采用尽可能大的半径,以确保行车舒适和安全。

(2)在一般情况下,将出口设置在跨线桥等构造物之前;当需要设置在跨线桥等构造物之后时,距跨线桥等构造物的距离应大于150m。

(3)城市快速路入口应设在主线的下坡路段,以便于重型车辆下坡加速;并使汇流车辆汇入主线之前保持充分的视距,以有利于合流。

(4)主线与匝道的分流处,当需要给误行车辆提供返回余地时,行车道的边缘应加宽一定的偏置值,并用圆弧连接主线和匝道路面边缘。当主线硬路肩宽度能满足停车宽度要求时偏置宽度可采用硬路肩宽度。渐变段部分硬路肩应铺成与行车道路面相同的结构。

(5)B型出入口应用缘石等与其他道路明显地区别开来,以便能明显确认其存在位置。出入口的形式应明确,其几何设计应能防止辅路车辆通过出口进入主路,或主路的车辆通过入口进入辅路。

三、城市快速路的出入口间距

(1)城市快速路出入口间距应能保证主线交通不受分流、合流交通的干扰,并应为分流、合流交通加、减速及转换车道提供安全、可靠的道路几何条件。

(2)城市快速路出入口间距,是指相邻两个出入口端部之间的距离。出入口间距可组成以下四种形式:出—出、出—入、入—入、入—出。

(3)城市快速路出入口间距由变速车道长度、交织距离及安全距离组成。

四、城市快速路的变速车道与集散车道

对于城市快速路的变速车道与集散车道设计要求,现行行业标准《城市快速路设计规程》(CJJ 129-2009)中有明确规定,在具体设计中应分别符合下列要求。

(一)城市快速路的变速车道设计要求

(1)城市快速路的变速车道,可根据实际情况设置为直接式或平行式。

（2）城市快速路的变速车道宜另设车道，其宽度应由车行道、左侧路缘带、右侧路缘带组成，左侧路缘带应兼作主线的右侧路缘带。车行道宽度可与直行方向干道的车道宽度相同或采用3.5m。

（3）城市快速路的变速车道长度应为加速或减速车道长度与渐变段长度之和。

（4）城市快速路变速车道长度的选用，除应符合规定的最小长度要求外，还应结合主线和匝道的设计车速、交通量、大型车所占比例等对变速车道的长度进行验算，按实际情况确定其合理长度。

（二）城市快速路的集散车道设计要求

（1）如果城市快速路的出入口端部间距不能满足要求时，应当设置必要的集散车道。

（2）城市快速路集散车道的设计车速宜与匝道或辅路的设计车速一致，集散车道应通过变速车道与直行车道相接。

（3）互通式立体交叉内的集散车道与直行车道应当采用分隔设施或标线分隔。

五、城市快速路的辅助车道设计

在城市快速路的分流、合流处，为使车道数的平衡与基本车道数两者不产生矛盾，必须附加适当长度的辅助车道。所谓基本车道数，是指道路在全长或较长路段内必须保持的车道数。城市快速路辅助车道的设计在现行行业标准《城市快速路设计规程》（CJJ 129-2009）中有明确规定，因此，在设计辅助车道时应注意以下方面。

（1）当前一个互通式立体交叉的加速车道末端至下一个互通式立体的减速车道起点的距离小于500m时，必须设辅助车道将两者连接起来。

（2）基本车道数的连续与平衡应符合以下规定。

①在快速路的全长或较长路段内必须保持一定的基本车道数。

②相邻两段同一方向上的基本车道数每次增减不得多于一条，变化点应距互通式立体交叉0.5~1.0km，并设置渐变率不大于1/50的过渡段。

（3）辅助车道的长度在分流端应大于1000m，最小长度为600m；在合流端应大于600m。辅助车道的宽度应与主线车道的宽度相同。

（4）在主路出口后、入口前，辅路上应设置独立的车道，长度应当满足车道的有效转换。主、辅路间主入口分流、合流段的设计，应保证划线后能有效地引导交通，避免误出或误入。

第六节　高架路设计

一、高架路

（一）定义

高架桥是连续跨越两条以上横向道路，并由沟通高架桥与地面交通的上下匝道组成的道路系统。

（二）适用

（1）用地受限制的市区，可充分利用昂贵的土地资源。

（2）地下水位高，地下设有大量公用管线设施以及横向道路密集、交通较为繁忙的地区。

（三）优点

（1）利用现有道路空间增加路网容量，利用现有道路的中央分隔部分建起桥墩，在其上空建路，使原四车道的地面道路增至六车道或八车道。

（2）强化主干线的交通功能，交通分流。高架路禁止非机动车和行人通行，主要承担经过市区的中、长距离过境性客货交通，它可以从空间上分隔穿越某市区的过境交通与到达某分区的目的地交通，从而避免地面道路由于车速差异和转向换车道路形成的相互干扰。在客运方面可使公交跨线车和全程车分流。公交车停靠站应设在地面道路上，而高架路通行的公交车宜为单节大站车或直放车，如此可提高高峰时公交车运营速度，解决远距离乘客的出行。地铁与轻轨交通可满足远距离客运需要；高架路既可客货兼运，又可快慢分流。

（3）提高车速、提高通行能力和运输效率。由于快慢分流，又无交叉口横向车流的干扰，故即使设计车速60~80km/h的高架路实际行驶速度至少可达45km/h，符合快速、缩短时间的要求，提高运输效率。

（4）高架路沿线交叉口上相交道路车流畅通无阻。大城市交通拥阻主要发生于交叉口，高架路除引流交通达到疏解地面干线上的交通外，由于连续立交缓解了地面交叉口的拥阻，上层的车辆不必像通过数个互通式立交那样数次下坡上坡，而是在平缓的桥面上行驶，下层的相交车流则无冲突地通过交叉口。特别在交叉口附近不设上下匝道的交叉口更能保证车流的畅通，在设有上下两对匝道的交叉口，视交通情况随车流密度大小而异。

（5）分期建设高架路有利于分期投资。高架路仅在匝道或桥基础处局部调整原有地下管线，所以造价比地下道路低，仅为地铁的10%。

（四）设置条件

高架路通常沿原路轴线设置，即设置在原路幅内，设置匝道处需拓宽原路的部分路段。桥下中央为桥墩，两侧可供地面道路车辆行驶，实质上是全线简易立交的连续。

（1）凡设置高架干道的道路，其等级应属快速路，至少是主干路。高架路可呈十字线或呈环形，但不强求建成主架网络。并非所有快速干道均需设置高架干道，目前沿线为低层房屋，日后有拆迁可改造，交叉口间距有800~1200m长的路段，不一定设高架路。

（2）交通量较大。交通量是设高架路的定量指标，具有一定量的交通量方可使高架路发挥更大的经济效益。

（3）全线交叉口数目较多（4~5个/km），交叉口间距小于200m，相交道路中80%以上属于次干道或支路的交通干道可建高架路。交叉口数目越多，建立高架连续简易立交后越能发挥因避免停车而获得的运输经济效益。如果沿线与主干道相交较多，则势必多建上下匝道供汽车向地面转向，这样不仅造价高而且高架路上的交通速度与效率也因车辆过多和交换车位受到影响。

（4）交叉口上直行车辆占路口总交通量的比重较大（85%~95%），沿线交叉口交通状况均属低劣的一般干道，必要时也可设置短程高架、连续立交，以改善交叉口交通，使直行车通行无阻。

（5）在跨越河流或铁路的桥梁引道两端的交叉口车辆多，且交叉口位于距桥台间距又短的道路上，宜将引道建成高架桥，以便跨过整个交叉口。

（五）布线原则

（1）为保证高架桥道路交通的快速和通畅，不宜选择线路标准过低的道路或过于曲折的河道，除非沿线允许截弯取直。其评价指标应使直线段长度占全线长度比例大于60%，或平曲线半径大于相应设计车速所允许的最小半径。

（2）为减少高架路对沿街建筑通风、采光的不利影响，高架路边缘距房屋至少应有7m的距离，故高架路不宜选在沿街为住宅建筑的道路上。

（3）为充分发挥因提高车速而获得的运输经济效益，高架干道全程不宜太短，也不必盲目过长。过长干道势必经过较多的交叉口，设置匝道过多又必将导致横向拆迁房屋。通常在交通枢纽尽端式的大城市，穿越市中心区的远程交通量并不多，故高架路宜选择在远程交通比例较大的交通干线上，以利于发挥其效益。

（4）高架路与自然风景区、文物保护、古建筑所在地应保持一定的距离，避免路线对环境保护区的影响，大水道通过时尽量与河流边际线的走向配合。

二、高架快速路设计的一般规定

高架路是指高架桥连续跨越两条以上横向道路，并由沟通高架桥与地面交通的上、下匝道组成的道路系统。对于城市高速快速路的设计要求，在《城市快速路设计规程》（CJJ129-2009）中有明确规定，在设计过程中应符合以下要求。

（1）城市高架快速路主要适用于下列地区：用地受限制的市区，可充分利用城市昂贵的土地资源；地下水位高的地区；地下铺设有大量公用管线设施地区；横向道路密集，交通较为繁忙的地区；其他必须设置高架快速路的地区。

（2）城市高架快速路按道路用地范围和交通运行特征，应分别选择整体式高架道路和分离式高架道路两种布置形式。

（3）城市高架快速路设置应充分考虑地面交通和桥下空间的利用，以充分利用城市中有限的土地资源。

（4）城市高架快速路的几何设计、加减速车道、出入口设计应满足《城市快速路设计规程》（CJJ 129-2009）中其他条款的规定，尤其是高架快速路的出入口设置应安全可靠。

（5）城市高架快速路应按照国家规定的工程所在地区的设防烈度进行抗震设防。在高架快速路的设计和布置中，其形式主要有上、下行在一个平面上的单层式。城市高架快速路的计算行车速度规定为：高架道路为60～100km/h，一般匝道为40km/h，特殊困难地段匝道可采用30km/h。

三、高架快速路的横断面设计

（一）横断面设计规定

（1）横断面设计应在城市规划的红线宽度范围内进行。横断面布置应按高架道路的形式、计算行车速度、匝道布置、高架桥墩布置、设计年限的机动车与地面道路非机动车道交通量和人流量、交通特性、交通组织、交通设施、地上杆线、地下管线、绿化、地形等因素统一安排，以保障车辆和人行交通的安全、通畅。

（2）高架快速路的横断面设计应做到近期和远期相结合，使近期工程成为远期工程的组成部分，并预留出管线的位置。

（3）在交叉口范围内有上、下匝道布置的路段，当有条件时，应在匝道外侧设地面车辆右转车道，以避免产生车辆交织。

（二）横断面的布置

高架快速路的横断面形式，可分单层式（也称整体式）高架无匝道和有匝道断面、双层式（也称分离式）高架无匝道和有匝道断面等四种类型。

（1）当高架快速路为单向二车道及以上，机动车道宽度应至少采用1条3.75m宽的大型车道，其余可根据小汽车所占的比例，采用小汽车道。单车道匝道的机动车道应为3.50m宽，另外，应设2.50m宽的紧急停车带；两车道匝道机动车道均应为3.50m宽，可以不设紧急停车带。

（2）高架快速路的中央分隔带，可采用50cm宽的混凝土防撞墩，这样可以减少桥梁构造，降低工程造价。

（3）高架快速路主线的左、右侧路缘带宽度应采用0.50m，匝道的左、右侧路缘带宽度应采用0.25m。高架快速路和匝道两侧的防撞栏杆宽度可采用0.50m。

（4）高架快速路和匝道的横坡宜采用直线坡度。路拱设计坡度采用2%，严禁积雪地区路拱设计坡度可采用1.5%。

四、高架快速路的平面设计

（一）高架快速路平面设计要求

（1）高架快速路的平面位置应按照城市总体规划道路网进行布设。

（2）高架快速路的平面线形应与地形、地物、地质、水文等结合。

（3）高架快速路的平面设计，应处理好直线与曲线的衔接，合理设置缓和曲线和车道加宽。

（二）与相邻建筑物的最小间距

高架快速路与相邻建筑物的最小间距，应当满足下列要求：维修高架桥或建筑物所需空间；防止撒盐、洒水损害所需空间；预防火灾所需防护区；消防车辆通行及架梯所需空间；曲线段视距运行要求空间；环境保护所需空间。另外，高架快速路直线、平曲线的连接，应符合现行行业标准《城市快速路设计规程》（CJJ 129-2009）中的有关规定。

五、高架快速路的纵断面设计

（1）在保证桥下通车净空的基础上，纵断面应设计成视觉连续、平顺圆滑的线形，不得在短距离内出现频繁起伏。

（2）在上、下匝道出入口段，在保证桥下通车净空的基础上宜尽量降低设计标高，以便减少上、下匝道的工程量和工程造价。

（3）高架快速路纵断面线形，应当与沿线临街建筑物立面布置相协调。

（4）高架快速路纵断面的最小纵坡度应大于或等于0.5%，困难地段也不应小于0.3%。

（5）高架快速路和匝道纵坡变化处应设置竖曲线，竖曲线应采用圆曲线。

六、高架快速路的匝道设计

（一）匝道设计的原则与规定

（1）匝道布置应最大限度地满足高架道路在道路网中所担负的交通要求，提高高架道路的利用率，使行驶高架道路的交通通行时间最短，充分发挥每一条匝道的功能，使高架道路与地面道路系统能切实达到疏解市内交通、集散对外交通、分流过境交通的目的。

（2）高架快速路匝道的设置位置，应符合交通现状和规划道路网中的主要流向。

（3）高架快速路匝道的间距应合理：一方面要确保快速道路的畅通，减少因匝道出、入引起的交织、合流、分流区段的影响范围；另一方面应注意匝道间距不宜过大，防止因间距过大使匝道与地面道路衔接处的流量过于集中而阻塞交通。

（4）高架快速路匝道的设计，要注意用地与建筑拆迁条件，做到因地制宜、近期和远期相结合，预留好续建匝道的位置。

（5）高架快速路匝道的布置，应尽量避免在主要横向道路交叉口前衔接，注意邻近地区路网的交通组织作用，因地制宜设立辅助车道，很好地疏解交通。

（6）在保证主线设计标准的前提下，高架快速路匝道的布置形式（对称、错位、定向等），应因地制宜尽量减少拆迁，充分利用现有路幅宽度提高环境设施带宽度。

（7）必须根据实际情况及实施的可能性来选择高架快速路匝道的位置。

（二）高架快速路的匝道形式

根据国内外高架快速路匝道的布置经验，匝道的布置形式一般可分为以下几种，即匝道平行高架道路布置、将上下匝道直接在横向道路上布置、上下匝道对称跨越横向道路交叉口布置、上下匝道在上下行高架道路的中间布置等。

匝道平行高架道路布置，上下匝道的交通可以通过地面道路交叉口来集散。其优点是能较好地沟通高架与地面道路之间的联系，其缺点是将增加地面道路交叉口的交通压力。在地面道路交叉口未饱和的情况下，采用这种匝道布置方式比较合理，否则将造成交通阻塞。

上下匝道直接布置在横向道路上，这种布置形式需要有比较完善的道路网。其优点是利用附近路网来集散上下匝道的交通，以减轻主要道路地面交叉口的交通压力；其缺点是除右转（或左转）的交通较便捷外，其余直行和左转（或右转）的交通需增加绕行距离。当地面道路交叉口的交通量较大时，且附近路网比较完善的情况下，采用这种匝道布置方式比较合理。

上下匝道对称跨越横向道路交叉口的布置形式，不仅可满足高架路与地面道路间的交通联系，而且地面交叉口的直行交通也可利用匝道跨越交叉口。其优点是能减轻地面交叉口的交通压力，较适合地面交叉口交通量较大的情况；其缺点是高架路及左、右转交通，需在前方匝道驶离高架路，通过地面道路完成左、右转，或者过交叉口后下匝道通过路网绕行，另外，横向道路左、右转在本路口也不能上高架路。如果高架道路总体匝道布置得当，不仅能减轻主要地面道路交叉口的交通压力，还能充分利用高架道路，使高架路和地面道路的交通潜能得到充分发挥。

上下匝道布置在上下行高架道路的中间。其优点是用地比较少，适用在高楼林立、用地紧张的路段；其缺点是车辆需采用左进左出的交通运行方式，从我国交通运行角度是很不适应的，且高架路结构布置比较复杂。因此，除特殊困难的情况外，这种匝道布置方式一般不宜采用。

（三）高架快速路匝道最小间距

高架道路的驶入、驶出匝道的连接点，是路段通行能力最小的控制路段。当交通量达到饱和或超过饱和时，将出现驶入匝道上的车辆因无法在主线车流中找到可穿插（合流）空档而排队阻塞，在驶出匝道上的车辆因地面道路的原因，导致匝道交通受阻而影响主线车流驶出。因此，在交通拥挤及阻塞情况下，合流、分流或交织区可能会形成车辆排队现象；它的变化范围很大，有时甚至长达几千米。考虑在稳定车流状态下，满足合流、分流或交织区的驶入、驶出匝道不同组合情况下的匝道最小间距。

高架路由基本路段、交织区和匝道连接点三种不同类型的路段组成。交织区是指一条或多条车流沿着高架道路一定长度，穿过彼此车行路线的路段，交织路段一般由合流区和紧接着的分流区组成。匝道连接点是指驶入及驶出匝道与高架道路的连接点，由于汇集了合流或分流车辆，因而形成的连接点是一个交通紊流区。

（四）上下匝道坡脚距交叉口停车线距离

匝道的起坡点（上匝道）与终坡点（下匝道）在地面道路的位置对交叉口的交通影响比较大，匝道进出高架道路的车流均需要通过地面道路交叉口来集散。因此，匝道坡脚至交叉口停车线应在同一路口交通信号系统管理之下。

七、对城市高架路发展的看法

高架快速路对于疏导城市交通的确发挥着重要作用，但从其发展过程和城市建设实践来看，并不是解决城市交通拥阻的最佳方案。首先，必须从观念和认识上解决什么是现代化的城市，城市为谁而建，未来城市的发展方向和良好的城市形态是什么样的。建设城市的最终目的应该是可居住的、向着基于公共交通和步行化的方向发展。其次，必须理解城市街道的意义和功能，城市街道绝不仅仅是用以车辆流通的，它还有许多使城市成为城市的更有意义的功能。

新世纪评价一个城市现代化水平，越来越重视城市的环境和景观。在一些富裕国家，甚至将环境条件上升到第一位。因此，在进行城市交通规划和设计时，对于严重影响城市环境和景观的高架快速路，应当采取十分慎重的态度。

第三章 桥墩构造与设计

第一节 桥墩设计内容及设计资料

一、桥墩设计内容

桥梁一般由两大部分构成，设有支座的桥梁，包括支座在内的以上部分称为上部结构，亦称桥跨结构；支座以下部分称为下部结构，即桥梁墩台及其基础工程，它主要由墩台帽、墩台身和基础三部分组成。

桥梁墩台的主要作用是承受上部结构的荷载，并通过基础将此荷载及其本身的重力传到地基上。桥墩一般指多跨桥的中间支承结构物，它除了承受上部结构的荷重外，还要承受流水压力、风力以及可能出现的冰荷载、船只、排筏或漂流物的撞击力。桥台除了是支承桥跨结构的结构物外，又是衔接两岸路堤的构筑物，既要能挡土护岸，又要能承受台背填土及填土上车辆荷载所产生的附加侧压力。因此，桥梁墩台不仅本身应具有足够的强度、刚度和稳定性，而且对地基的承载能力、沉降量、地基与基础之间的摩擦力等都提出了一定的要求，以避免在这些荷载作用下有过大的水平位移、转动或沉降发生。这一点对超静定结构尤为重要。桥墩设计内容包括：合理选择桥墩类型和截面形状；确定建筑材料及圬工规格；确定桥墩各部分详细尺寸。桥墩类型和截面形状的选择主要取决于：水流的流向与流速；河流中有无流冰，流木、船舶或其他漂流物对桥墩的撞击、磨损；地基的承载能力；是否为地震区以及地震烈度等。此外，还与砂石材料、电力及工程用水供应情况等施工条件有关。桥梁基础是桥梁结构物直接与地基接触的最下部分，是桥梁下部结构的重要组成部分。承受基础传来荷载的那一部分地层（岩层或土层）则称为持力层，亦称地基。地基与基础受到各种荷载后，其本身将产生附加的应力和变形。为了保证桥梁的正常使用和安全，地基和基础必须具有足够的强度和稳定性，变形也应在容许范围之内。根据地基土的土层变化情况、上部结构的要求和荷载特点，桥梁基础可采用不同方案。

  确定基础方案，主要取决于地基土的工程性质与水文地质条件、荷载特性、桥梁结构形式及使用要求，以及材料的供应和施工技术等因素。方案选择的原则是：力争做到使用上安全可靠，施工技术上简便可行，经济上合理。因此，必要时应做不同方案的比较，从中得出较为适宜与合理的设计方案和施工方案。

  桥梁基础均在地面或水面以下，其施工条件和受力状况都和上部结构不同，尤其是深水中修筑埋于河床很深的大型桥梁基础的技术特别复杂，完成后即埋于水土中，进行检查和修补很困难，属于隐蔽工程。所以，在设计和施工中对它进行深入研究是很有必要的。桥梁结构是一个整体，上、下部结构和地基是共同工作，相互影响的。地基的任何变形都必然引起上、下部结构的相应位移，上、下部结构的力学特征也必然关系到地基的强度和稳定条件。所以，桥梁基础的设计施工都应紧密结合桥梁结构的特点和要求，全面分析，综合考虑。

  建筑材料的选择应在对附近砂、石等材料的产量和质量作详细调查的基础上，结合工期、工程量和施工条件等进行全面考虑。既要注意就地取材、节约运费与劳力，还要统筹兼顾，与附近其他工程用料统一安排，做到材尽其用。避免次要工程使用较好的圬工材料，而重要工程却使用较差圬工材料等情况。圬工规格的确定，除满足结构的强度要求外，还应根据当地自然环境，决定其是否应满足抗冻、抗环境水侵蚀、抗流冰或其他漂流物的撞击，磨损等特殊要求。

  对于重力式实体桥墩来说，通常可按下列要求确定圬工规格：

  （1）重力式实体桥墩的材料通常采用混凝土，混凝土强度等级不应低于C30；

  （2）为了节省水泥，在整体灌筑混凝土尺寸较大的部位中，可掺用不超过总体积20%的片石（片石是用爆破方法开采的形状不规则的石块，石块中部最小厚度一般不应小于0.15m），石料强度等级不应低于MU50，通常称片石混凝土。

二、桥墩的类型及特点

（一）重力式墩

1.梁桥重力式墩

重力式桥墩有多种形式，选用时主要考虑它的流水特性，尽量减轻河床的局部冲刷和不妨碍航运。在此前提下，应力求节省圬工和施工方便，常用的重力式墩有4种截面形式。

（1）矩形桥墩，它的外形简单，施工方便，圬工数量较少，但对水流阻力甚大，引起局部冲刷较大。一般用于无水或静水中，用于高桥墩最高水位以上部分。

（2）圆形桥墩，其截面为圆形，流水特性较前种形式好。用于桥轴法线与水流交角大于15°或流向不定的河流中，由于截面为圆形，各方向具有相同的抵抗矩，在用于纵横向受力差异较大的桥墩上时，浪费圬工；另外，当用石料砌筑时费工。这种桥墩多见于单线直线铁路高墩中，在公路上极少采用。

（3）圆端形桥墩，它的截面是矩形两端各接一个半圆。施工稍麻烦，但比较适合水流通过，可减少局部冲刷。用于水流与桥轴法线交角小于15°的情况，是铁路跨河桥最广泛使用的一种形式。

（4）尖端形桥墩，此种墩外形也较简单，适用于水流斜交角小于5°及河床不允许有严重冲刷的小跨度桥梁。在有流冰的河流，桥墩的尖端能起破冰的作用，为此，迎水端应采取特殊加固措施。在有流冰的河流中，也有只在迎水端流冰水位上下一个范围内做成这种截面形式的。

为了加快设计进度和便于组织规模施工，铁路系统对前三种截面形式的桥墩编制了标准设计图。它们适用于各种不同跨度的钢筋混凝土梁、不同的墩身高度和不同地基承载力的扩大基础。标准图中不仅给出了各部分的具体尺寸，还给出了细部构造和各部分的工程数量，对于一般桥梁的设计，使用起来极为方便。公路部门也有自己的标准设计图。

2.拱桥重力式桥墩

拱桥是一种推力结构，拱圈传给桥墩上的力，除了竖向力外，还有较大的水平推力，这是与梁桥的最大不同之处。从抵御恒载水平力的能力看，拱桥桥墩又分为普通墩和单向推力墩（也称制动墩或固定墩）两种。普通墩一般不承受恒载水平推力或者当相邻孔不等跨度时承受经过相互作用后尚余的不平衡水平推力。单向推力墩的主要作用是，在其一侧的桥孔坍塌后，能承受住另侧的单向恒载水平推力，以保证另侧的拱桥不致连续坍塌。而且当施工时，为了拱架的多次周转或者当施工设备的工作跨径受到限制时，能分段进行施工，在此情况下，也有设置能承受部分恒载单向推力的制动墩。多跨连续拱桥的制动墩一般3~4跨设置一个。由此可见，为了满足结构强度和稳定的要求，普通墩的墩身可以做得薄一些，制动墩则要求做厚实一些。另外，与梁桥重力式桥墩相比较，拱桥桥墩在构造上还有以下特点。

（1）拱桥桥墩与梁桥桥墩的一个不同点是，梁桥桥墩的顶面要设置传力的支座，且支座与顶面边缘保持一定的距离；而装配式拱桥桥墩则在其顶面的边缘设置呈倾斜面的拱座，直接承受由拱圈传来的压力。故无铰拱的拱座总是设计成与拱轴线呈正交的斜面。由于拱座承受着较大的拱圈压力，故一般采用C20以上的整体式混凝土、混凝土预制块或MU40以上的块石砌筑。肋拱桥的拱座由于压力比较集中，故应用高等级混凝土及数层钢筋网加固，装配式的肋拱以及双曲拱桥的拱座，也可预留供插入拱肋的孔槽，就位以后再浇筑混凝土封固。为了加强肋底与拱座的连接，底部可设U形槽浇筑混凝土，混凝土强度等级应不低于C25。有时孔底或孔壁还应增设一些加强钢筋网。

（2）拱座的位置：当桥墩两侧孔径相等时，则拱座均设置在桥墩顶部的起拱线高程上，有时考虑桥面的纵坡，两侧的起拱线高程可以略有不同。当桥墩两侧的孔径不等，恒载水平推力不平衡时，则将拱座设置在不同的起拱线高程上。此时，桥墩墩身可在推力小的一侧变坡或增大边坡。从外形美观上考虑，变坡点一般设在常水位以下。墩身两侧边坡和梁桥的一样，一般也为20：1~30：1。

（3）墩顶以上构造：由于上承式拱桥的桥面与墩顶顶面之间有一段高度，故墩顶以上结构常采用各种不同的形式。对于实腹式石拱桥的墩顶以上部分，通常做成与侧墙平齐的形式。对于空腹式石拱桥或双曲拱桥的普通墩，常采用立墙式、立柱式或者跨越式。对于单向推力墩常采用立墙式。当采用立墙式时，为了检修方便，墙中应设置过人孔；当采用立柱加盖梁或框架时，则应按照钢筋混凝土结构进行配筋。立柱和盖梁可以做成装配式构件，采用不低于C20的钢筋混凝土。架设时可以将预制立柱插入墩顶预留的孔槽内，使工期大为缩短。普通铁路拱桥桥墩的顶宽，对于混凝土墩一般可按拱跨的1/15~1/25采用，石砌墩可按拱跨的1/10~1/20估算，其比值将随跨径的增大而减小，且不宜小于80cm。对于单向推力墩，则按具体情况计算确定。为了减小墩身截面长度，拱桥墩顶部分也可做成托盘形式。托盘可采用C20素混凝土圬工，或仅布置构造钢筋。墩身材料可以采用块石、片石或混凝土预制块砌筑，也可用片石混凝土浇筑。公路拱桥墩顶构造与铁路基本相同，只是横向宽度要大。

（二）轻型桥墩

1.梁桥轻型桥墩

当地基土质条件较差时，为了减轻地基的负担，或者为了减轻墩身质量，节约圬工，常采用轻型桥墩，轻型墩主要有空心墩、板式墩、桩柱式墩、双柱式墩及各式柔性墩等。

（1）空心墩：墩身高度在30m以上的高墩，如将实体墩身改为厚壁式空心墩身，可节省圬工20%~30%；墩身高在50m以上时，可用钢筋混凝土空心墩，节省圬工可达50%左右。近年来，滑动模板、翻模、爬模工艺的大量使用为空心墩施工创造了良好的条件。

空心墩在力学上属于空间板壳结构，即使是素混凝土的，其受力也有别于重力式实体墩，故将其划在轻型桥墩中。

（2）桩柱式桥墩及双柱式桥墩的墩身是利用基础的桩延伸到地面的桩柱，顶帽即为连接桩的帽梁。其特点是构造简单、用料少、施工快，但纵向刚度小，故其建筑高度常受墩顶位移的限制。铁路桥只宜用在较小跨度，高度10m以内的墩上。公路桥采用较多。双柱式桥墩是用钢筋混凝土做成的刚架，可作为桩基或其他类型的基础。南京长江大桥和九江长江大桥的引桥都采用了双柱式桥墩。其使用高度一般在30m以内，个别的采用多层刚架可达40m以上。

（3）柔性墩则是改变桥梁的受力体系，使墩台由单独承受某种荷载变为与其他墩台和梁组成共同的受力体系，以达到轻型化的目的。其特点是将若干个称为柔性墩的小截面桥墩和一个称为刚性墩的大截面桥墩，通过桥跨结构用固定支座连接起来，在纵桥向，就形成一个可以共同承受纵向水平力的框架体系。这样在活载引起的纵向力作用下，各柔性墩内力就大为减小。

国内已建成的铁路桥梁柔性墩所采用的形式主要有刚架式、排架桩、板式及"上柔下刚域"等。

刚架式柔性墩：它在横向为一刚架。单线桥的刚架柔性墩通常由两根立柱，数根横撑和顶帽组成，墩身采用钢筋混凝土结构。

排架桩柔性墩：排架桩柔性墩的特点是，墩身直接由基桩延伸至顶帽，地面下不需设置承台。在上端，通过顶帽把各个桩顶连接在一起。

板式柔性墩：板式柔性墩墩身为一实体矩形板壁。它的设计计算和施工都较为简单，特别便于滑模施工。因此，它已被广泛地采用。

"上柔下刚墩"：当墩身高度较大，或墩处在有漂流物的水流湍急的河流中时，为增加墩身的稳定性和加强抵抗漂流物撞击的能力，可采用墩身的上半部为小截面、下半部为大截面的"上柔下刚墩"（或半柔半刚墩）。这种桥墩的特点是：利用桥墩上部的柔性结构减少制动力，而下部的刚性墩身也因制动力较小而使截面减小，但要注意在刚柔相接部分的应力集中问题。

2.拱桥轻型桥墩

拱桥上所使用的轻型桥墩，一般为配合钻孔灌注桩的桩柱式桥墩。从外形上看，与梁桥的桩柱式桥墩非常相似。主要区别就是梁桥桥墩帽上设支座，而在拱桥墩顶部分则设置拱座。

在采用轻型桥墩的多孔拱桥中，每隔3~5孔应设单向推力墩。当桥墩较矮或单向推力不大时，可以考虑一些轻型的单向推力墩，其优点是阻水面积小，并可节约圬工。轻型单向推力墩形式有以下几种。

（1）带三角杆件的推力墩：这种桥墩的特点是在普通墩的墩柱上，从两侧对称地增设钢筋混凝土斜撑和水平拉杆，用来提高抵抗水平推力的能力。为了提高构件的抗裂性，可以采用预应力钢筋混凝土结构。这种墩只在桥不太高的旱地上采用。

（2）悬臂式单向推力墩的工作原理是当该墩的一侧桥孔遭到破坏以后，可以通过另一侧拱座上的竖向分力与悬臂长度所构成的稳定力矩来平衡由拱的水平推力所导致的倾覆力矩。这种形式适用于双曲拱桥，但由于墩身较薄，在受力后悬臂端会有一定位移。拱桥轻型桥墩一般铁路桥上较少采用，主要是用于公路桥上。

三、桥墩设计资料

所谓"设计资料"就是完成上述设计内容所需的基本资料，它是做好设计的客观依据，主要包括以下项目。

（一）地形地质资料

包括桥址平面图，桥位纵断面图，必要时还应有桥墩处横断面图。除地形、地貌外，这些图上应详细绘出地质分界线，标明钻孔或其他勘探点位置，注明岩层形状，不同层次的标高或层厚等。另外，还应搞清楚并说明各土层的物理力学性质、颗粒大小、地下水活动及渗透情况等。这些资料是确定基础类型、施工方法、持力层标高和地基承载力的主要依据。

（二）水文、气象资料

包括：设计水位、常水位、施工水位、低水位，设计和施工水位的流量与流速，流冰与流木情况，洪水季节和施工季节，当地最大风速、气温及冻结深度等。要特别注意根据水文、河床情况及桥梁孔径，正确地确定一般冲刷和局部冲刷深度，作为选择基础埋置深度的可靠依据。

（三）建筑材料供应情况

主要指砂、石及工程用水等供应运输情况。如当地缺乏所需建筑材料，或施工运输极为困难时，在方案比选中，则应充分考虑采用轻型、拼装结构的必要性，以便减少圬工的工程量。

（四）线路和桥跨设计资料

包括：线路等级、股道数目、线路平面及纵断面设计、桥孔布置；桥跨结构的具体情况（如计算跨度、梁全长、梁端缝隙、梁高以及轨底到梁底和墩顶的高度等），桥跨及其道路上部建筑的重量等。

（五）其他资料

工期要求、施工设备及技术条件、当地交通及电力供应情况等也是设计时应考虑的因素。

第二节 铁路桥实体墩构造与设计

一、实体桥墩构造及主要尺寸拟定

(一) 顶帽的类型与构造

顶帽的类型有飞檐式和托盘式两种。8m及更小跨度的普通钢筋混凝土梁配用的矩形或圆端形截面桥墩，其顶帽一般采用飞檐式，顶帽的形状视墩身形状而定。10~32m的普通钢筋混凝土梁及预应力混凝土梁的桥墩，其顶帽常做成托盘式以节省圬工。除圆形墩采用圆端形顶帽外，其他桥墩常采用矩形顶帽。托盘的形状则按墩身形状需要确定。

顶帽的作用是安放梁的支座，将桥跨传来的集中压力均匀地分散给墩身，另外顶帽还要有一定宽度以满足架梁施工和养护维修的需要。因此，《铁路桥涵设计规范》（TB 10002-2017）规定：顶帽应采用钢筋混凝土结构，混凝土强度等级不应低于C30，厚度不小于0.4m；顶帽的顶面应设置不小于3%的排水坡；同时在顶帽上设安放支座的钢筋混凝土支承垫石，支承垫石面应高出顶帽顶帽排水坡的上棱；顶帽除满足构造要求，还应满足局部承压及抗剪检算的要求；支承垫石边缘距顶帽边缘距离、墩台顶帽尺寸应满足架设、检查、养护、维修和支座更换的要求。采用托盘式顶帽时，托盘缩颈处存在应力集中。因此，施工时不允许在此处留施工缝，常在此处以下40cm处开始用与托盘相同强度等级的混凝土连续灌注顶帽，且在托盘与墩身的连接处沿周边布置直径10mm，间距0.2m的竖向短钢筋以加强之。

(二) 顶帽尺寸拟定

1.顶帽厚度

一般有支座的顶帽厚度都采用0.5m（因顶梁或维修需要的支承垫石加高部分

不包括在内）；无支座的顶帽厚度可采用0.4m。

2.顶帽平面尺寸

支座底板的尺寸及位置是决定顶帽平面尺寸的主要依据。为此，应首先搞清楚梁的跨度、梁全长、梁中心线位置、支座底板尺寸及梁端缝隙的大小。此外，决定顶帽的平面尺寸时，还要考虑架梁和养护时移梁、顶梁的需要。

3.托盘式顶帽的托盘

在顶帽纵、横向尺寸较大时，为使墩身尺寸不致因此过分增大而多用场工，常在顶帽下设置托盘将纵、横向尺寸适当收缩，一般在横向收缩较多，纵向不收缩或少收缩。托盘顶面的形状与桥墩截面形状有关，如矩形截面桥墩的托盘顶面仍是矩形，而圆形、圆端形桥墩者则为圆端形。托盘顶面纵、横向尺寸就等于顶帽纵、横向尺寸减去两边飞檐的宽度。托盘底面与墩身相接，其形状与墩身截面相同。为保证悬出部分的安全，《铁路桥涵设计规范》（TB 10002—2017）规定：托盘底面横向宽度不宜小于支座下底板外缘的间距；托盘侧面与竖直线间的β角不得大于45°；支承垫石向边缘外侧0.5m处顶帽底缘点的竖向线与该底缘点同托盘底部边缘处的连线夹角α不得大于30°。

（三）非对称式顶帽

1.曲线桥桥墩顶帽

曲线桥梁常采用与直线上的梁相同的外形以简化设计和制造。但为了适应曲线的线路，各孔梁常布置成折线，这就使相邻两孔梁之间的缝隙内窄外宽（其内侧梁缝最小值要求与直线桥相同），梁的端部和桥墩横向中心线不平行，平面上梁端支座斜交放在支承垫石上。因此，曲线上桥墩的垫石平面形状可做成梯形，但为便于施工，实际上仍将垫石按曲线布置要求适当加宽加长而做成矩形。支座中心和锚栓位置则要根据曲线桥的实际布置另行计算确定。

现行各式重力式桥墩的标准设计中，曲线桥都采用横向预偏心桥墩。所谓预偏心，即将桥墩纵向中心线向线路外侧移动一定距离，而桥跨中线和支承垫石位置不动，其目的是使桥跨自重和列车竖向活载对桥墩的压力产生向曲线内侧的力矩，以平衡列车离心力引起的向外侧力矩。

2.不等跨桥墩顶帽

当桥墩上相邻梁跨的跨度不等时，为了减少桥墩在荷载作用下的偏心力矩，通常将大跨梁的支座中心布置在离桥墩中心线较近的地方，使桥墩中心线与梁缝中心线错开一定的纵向距离形成纵向预偏心。另外，为适应不同的梁高，在小跨梁一端应加高顶帽做成小支墩。两相邻梁的梁缝规定最小为100mm（如在曲线上指内侧），并使小支墩背墙位于梁缝中线。顶帽（包括支墩加高部分）必须设置钢筋。

（四）墩身构造

实体墩身可根据情况采用混凝土或混凝土块砌体。其中的混凝土强度等级不应低于C30，水泥砂浆强度不应低于M20。为了节约水泥，在整体灌筑混凝土墩身时，可掺用不超过总体积20%的片石做成片石混凝土，其石料强度不应低于MU50。

（五）墩身尺寸拟定

采用托盘式顶帽时，墩身顶面尺寸就是托盘底部的尺寸；采用飞檐式顶帽时，墩身顶面尺寸就是顶帽纵、横向尺寸减去两边飞檐的宽度。

墩身坡度一般用n：1（竖：横）表示，n越大，坡度越陡；n越小，坡度越缓。当墩身较低时（约在6m以内），其墩顶及墩底受力相差不大，为施工方便，可设直坡。墩身较高时，墩身的纵、横两个方向均做成斜坡，坡度不缓于20：1，具体数值应根据墩身的受力要求计算确定。墩身高根据墩顶标高（由轨底标高减去梁在墩台顶处的建筑高度和顶帽高度求得）和基底埋置深度、基础厚度来确定。

二、桥墩力学检算的主要内容

桥墩的构造形式、主要尺寸初步拟定之后，就要通过力学检算来验证初拟尺寸是否合理并加以修正，有时为了求得较经济合理的尺寸，需反复修正数次。但也应指出：合理尺寸的确定，并不唯一取决于力学检算的需要，有些尺寸是考虑到施工、运营、养护维修以及其他特殊要求等而确定的。实体桥墩是用圬工建造的柱式偏心受压结构，为使其在各种荷载作用下满足强度、刚度、抗裂性与稳定性的要求，应对墩身做如下4方面的力学检算。

（一）墩身合力偏心距检算

由于混凝土及石砌圬工的抗拉强度很低，当桥墩承受偏心荷载而产生拉应力时，桥墩将出现裂缝。如裂缝过大，潮湿空气及水分即容易沿裂缝侵入墩体使圬工逐渐侵蚀而毁坏。另外，如截面受拉区面积过大也对墩身的稳定不利。检算墩身截面合力偏心距的目的，就是控制截面的裂缝不致过大。

（二）墩身截面应力检算

应力检算的主要目的是，保证墩身具有足够的强度，使其在设计荷载作用下，最大压应力不超过圬工材料的容许应力。

（三）墩身受压稳定性检算

墩身在竖向压力作用下，可能因纵向弯曲失稳而遭到破坏，故常将此项列为墩身检算内容之一。

（四）墩顶水平位移检算

为保证运营时桥上线路具有足够的平稳性，应使桥墩具有足够的刚度，故《铁路桥涵设计规范》（TB 10002-2017）对墩顶位移的最大值加以限制。墩顶位移包括墩身弹性水平位移和基础变形、位移等，故检算此项内容时应计入基础的影响。

三、荷载计算

将实体墩身检算中常用的荷载计算方法分述于下。

（一）恒载

恒载包括桥跨自重及墩身自重。

1.桥跨自重

桥跨自重包括梁和支座、桥面及人行道的重量。梁及支座重可从选用桥跨标准图中查得。桥面及人行道重量按《铁路桥涵设计规范》（TB 10002-2017）规定为：直线上双侧人行道铺设木步行板时采用8kN/m，铺设钢筋混凝土或钢步行板时采用10kN/m。

桥墩上所受桥跨自重压力等于相邻两桥跨通过支座传来的自重压力之和，等跨时传来的桥跨自重压力作用于桥墩中心线上。

2.桥墩自重

计算桥墩自重时，常将桥墩分成许多简单的块体分别计算，最后求和。各种材料重度统一采用如下数值：钢筋混凝土（配筋率在3%以内）25~26kN/m³，混凝土和片石混凝土24kN/m³。

（二）活载

铁路列车活载采用"ZKH活载"。列车活载通过桥跨以支座反力方式传给桥墩，由于其在桥跨上是移动的，因此它在不同位置上传给桥墩的反力是不同的。设计时，活载的布置应使桥墩处于不利的受力状态。根据设计经验，检算中常用的活载图式有单孔重载、单孔轻载、双孔重载以及双孔空车活载等。

1.单孔重载

单孔重载是仅在一孔梁上布满活载，并使4个集中荷载位于所要检算的桥墩一侧。此种加载方式能对桥墩产生最大的竖向偏心压力和较大的纵向水平力（牵引力）。

2.单孔轻载

单孔轻载也是仅在一孔梁上布满活载，但集中荷载位于梁的另一端。因为这种加载对桥墩的竖向偏心压力比单孔重载小，故称单孔轻载。但其纵向水平力（制动力）与单孔重载相同。

3.双孔重载

双孔重载是在与检算桥墩相邻的两孔梁上都布置活载，使桥墩上两个支座反力之和达到最大值。由结构力学原理可知，如果相邻两孔梁的跨度分别为L_1和L_2，两孔梁上活载分别为G_1和G_2，则当$G_1/L_1=G_2/L_2$时，中墩的支座反力为最大。

4.双孔空车活载

此为两孔梁上满布空车的活载，按10kN/m计，它对实体墩检算不控制。列车的冲击力对实体桥墩的作用衰减很快，因此，在检算实体墩身各截面时，一律不计冲击力。

（三）离心力

桥梁在曲线上时，应考虑列车竖向静活载产生的离心力。客货共线铁路离心力作用高度应按水平向外作用于轨顶以上2.0m处计算；高速铁路、城际铁路离心力作用高度应按水平向外作用于轨顶以上1.8m处计算；重载铁路离心力作用高度应按水平向外作用于轨顶以上2.4m处计算。

（四）制动力或牵引力

桥跨上活载的制动力或牵引力，由车轮传给钢轨，再由钢轨传给梁，再通过梁的支座传给墩台。当支座类型不同时，传递的纵向水平力就不同。简支梁通过各类支座传给桥墩的制动力（或牵引力）按《铁路桥涵设计规范》（TB 10002-2017）规定为：

（1）通过固定支座为全孔的100%；

（2）通过滑动支座为全孔的50%；

（3）通过滚动支座为全孔的25%；

桥墩上同时安设固定支座及活动支座时，应将上述数值相加，但对于不等跨，此相加值不应大于其中较大跨的固定支座的纵向水平力。对于等跨梁，不应大于其中一跨的固定支座的纵向水平力。即为了避免出现过大的不合理的计算值，规定两孔梁传来制动力之和不得大于其中孔梁（如为不等跨，应取大跨梁）布满最大活载时由固定支座传来的制动力。

重载铁路制动力或牵引力作用于轨顶以上2.4m处，其他标准铁路的制动力或牵引力均作用于轨顶以上2m处。《铁路桥涵设计规范》（TB 10002-2017）规定：当计算桥梁墩台时移至支座中心处，并不计因移动力的作用点所产生的竖向力或力矩。因此，计算制动力对桥墩检算截面的制动力矩时，就等于桥墩上的制动力乘以该检算截面至支座中心的距离。至于制动力或牵引力的方向，则应使其产生的力矩与活载压力偏心力矩的方向相同，使之在检算截面产生较大的弯矩。

应该指出，由于桥上线路上部建筑的连续性和活动支座纵向并不很"活动"，所以不能认为，桥上某一孔梁上的制动力仅传递至两相邻的桥墩上，而应从全桥（包括线路上部的建筑、梁、支座、桥墩台和桥头路基）整体分析其制动力的传递和分配。对某一桥墩而言，也是在该墩邻近多孔梁上布置有活载时才有可能出现最大制动力。因此，对桥墩设计影响较大的制动力的传递与分配规律，还需做进一步研究。

（五）风力

风力是作用在受风物体上的水平力，它的大小可按其所受的风荷载强度乘以受风面积求得。风力为水平力，其方向可以垂直于线路（横风），亦可平行于线路（纵风），作用点为受风面积的形心。作用于桥梁上的风荷载强度与风速大小、受风建筑物的高度和形状及当地地形地貌有关。

（1）列车的受风面积按3m高的长方带计算，其作用点在轨顶以上2m处。列车不计纵向风力。

（2）实体墩及桥面横向受风面积，按其桥跨横向受风轮廓面积计算，即梁底至轨顶的高度与左右两孔桥跨中线所围成的面积，桁架梁的横向受风面积，按桁梁理论轮廓面积（即桁梁弦杆重心线间的面积）的0.4倍计算。对于下承桁梁在计算有车横向风力时，列车受风面积应扣除列车高度范围内被梁部遮挡的部分。各类上承式梁及桥面的纵向风力，因受相邻梁及桥台的阻挡可不计算。列车的纵向受风面积很小，亦可不计。下承桁梁的纵向风力按其所受横向风力的40%计算。

（3）实体桥墩分别按纵向及横向轮廓面积计算纵向风力及横向风力。

（六）流水压力

位于水中的桥墩，其上游迎水面因受到流水冲击影响而产生流水压力，流水压力与水流速度和桥墩平面形状有关。流水压力的分布可假定为倒三角形（因水流速度是近似地随水深呈三角形分布），其作用点按作用于水位线以下1/3水深处计算。

（七）列车横向摇摆力

列车在行驶时，由于轨道不平等原因而左右摇摆，撞击两侧的钢轨，产生一种作用于轨顶面的水平横向摇摆力，《铁路桥涵设计规范》（TB 10002-2017）规定，横向摇摆力作为一个集中荷载应取最不利位置，以水平方向垂直线路中心线作用于钢轨顶面。

（1）多线桥可仅计算任一线上的横向摇摆力。
（2）客货共线、重载铁路空车时应考虑横向摇摆力。

四、荷载组合

上述桥墩设计用的各种荷载，除桥跨结构的恒载和桥墩自重外，其他各项荷载的数值都是变化的，并且不一定同时发生。荷载组合是指所有可能以最大值或较大值同时出现的荷载，因而在桥墩、台力学计算时就存在着荷载的组合问题，也就是哪些荷载同时发生才是最不利情况。按"最不利荷载组合"进行检算，才能保证桥梁墩台的正常使用。

（一）桥墩计算的几种常见荷载组合

根据各种荷载发生的概率不同，对于桥墩计算，可能同时出现的荷载有以下3种组合情况。

（1）主力组合，即同时出现的主力之间的组合。

（2）主力加附加力的组合。由于附加力是不经常出现的荷载，所有附加力同时出现并达到最大值的机会极少或几乎不可能，故《铁路桥涵设计规范》（TB 10002—2017）规定，主力加附加力组合只考虑主力加一个方向（纵向或横向）的附加力组合。例如：考虑纵向制动力和纵向风力与主力的组合时，就不考虑横向风力和横向流水压力；反之，考虑横向风力和横向流水压力与主力组合时，就不考虑纵向制动力和纵向风力。

（3）主力加特殊荷载的组合（即主力与某一特殊荷载的组合）。特殊荷载是某一特定条件下出现的荷载，它与各种附加力同时出现的机会极少或几乎不可能。故荷载组合中，只考虑主力加某一特殊荷载的组合而不再考虑附加力。

（二）最不利荷载组合的分析

铁路桥梁的各类荷载中，对荷载组合起控制作用的是活载。活载的大小和位置（即加载图式）不仅影响到竖向力，且伴生有制动力（或牵引力），横向摇摆力，在曲线上还有离心力。因此，活载的加载图式对分析各检算项目的最不利荷载组合起控制作用。例如：检算墩身的合力偏心距，应选用竖向力较小，而力矩相对较大的加载图式；检算墩身应力，应选用竖向力和力矩都较大的加载图式。

根据大量设计经验得知，不同活载加载图式，对墩身的不同检算项目起控制作用。

（1）单孔轻载的竖向力为最小，纵向力矩又较大，往往是桥墩纵向合力偏心距的控制荷载；又直线上桥墩当截面合力偏心距较大时，按应力重分布计算，还可能出现最大压应力。

（2）单孔重载或双孔重载的竖向力或纵向力矩都较大，对直线桥墩的截面压应力、受压稳定，墩顶纵向弹性水平位移的检算，常是最不利的。

（3）双孔重载的支点反力和离心力都是最大值，因此，计算截面的竖向力，横向力矩也最大，它常成为曲线上桥墩截面合力偏心距、压应力、受压稳定及墩顶位移检算的最不利活载图式。

从主力和主加附两种荷载组合分析中可明显看出，主加附在结构中产生的内力和应力，要比主力组合大。但是，由于主附加出现的概率比主力组合要小，因而对材料的容许应力或结构的安全系数取不同数值（主加附时容许应力提高30%），故不能仅凭哪一种荷载组合的荷载（或应力）大小来进行判别。但设计经验表明，在考虑特殊荷载的情况下，主力组合一般不控制设计，而是由主力加附加力控制。

（三）荷载组合的有关规定

根据某些荷载不可能同时出现或同时出现的概率很小，有的荷载不同时出现最大值，有的荷载虽可能同时出现，但并不控制设计等原因，《铁路桥涵设计规范》（TB 10002-2017）对荷载组合作出了规定。

（1）横向附加力不与纵向附加力同时计算。

（2）流水压力不与冰压力组合，两者也不与制动力或牵引力组合。

（3）短跨桥梁常采用特种活载，其制动力或牵引力能通过轨道传递至桥头路基，故可不计制动力或牵引力。

（4）曲线上桥墩，当制动力（或牵引力）与离心力同时计算时，由于二者不能同时达到最大值，故制动力按列车竖向静活载重量的7%计算。

根据材料力学对于弹性体的分析得出，偏心受压截面的合力偏心距超出其截面核心即出现拉应力。对于抗拉强度很低的圬工结构，由于其为非理想弹性材料，因此，它的截面力分布不符合虎克定律，特别是应力水平较高时，受拉区边缘的拉应力比按照弹性材料分析的应力要低很多。利用这一特点，并考虑到圬工尚有一定的抗拉能力及较好的抗压能力。根据对大量试验资料的分析认为，在正常荷载作用下不出现显著的拉裂现象，在具有一定安全储备的前提下，截面合力的偏心距可以大于截面核心半径。

第三节　空心墩设计与计算

一、概述

空心墩是轻型桥墩之一。它具有圬工量少、自重较轻，从而也能减少基础圬工量的优点。当桥墩较高或地基较差时，这些优点更为突出。铁路空心墩应用的初期，是采用砌块（包括块石、片石、预制块、大型混凝土预制块）浆砌的，后来才逐步改进为使用素混凝土和钢筋混凝土材料。

空心墩的类型较多：按材质分有砌块、素混凝土、钢筋混凝土和预应力混凝土；按截面形式分，有矩形、圆环形、单孔或多孔圆端形；按墩身坡度分，有斜坡式、直坡式和直坡台阶式；从构造上分，又可分为有横隔板和无横隔板；按施工方法分，有就地灌注和预制块砌筑或拼装。为适应滑模施工则多采用就地灌注的素混凝土或钢筋混凝土的斜坡式或直坡式空心墩。

从已有的设计和施工情况看，空心墩一般可较实体墩节省30%~40%圬工，个别的可节省60%以上的圬工，而且墩身越高，节约量越大。目前，国内60m以上的高墩，绝大部分是空心的。例如，武汉长江大桥主跨桥墩，为了减少施工难度，较大的管柱及其基础的工程量普遍采用了空心桥墩，收到了很好的效果。

二、空心墩的构造特点

（1）为满足就地灌注的施工要求，空心墩的最小壁厚为：钢筋混凝土不宜小于30cm，混凝土不小于50cm。

（2）随着施工工艺的不断发展和完善，空心墩的立面形式已由早期的等壁厚直坡式或台阶式改为不等壁厚的斜坡式，较为适应墩身沿墩高逐渐增大的受力情况。因此，也较直坡式或台阶式经济合理。

（3）为了满足空心墩整体和局部受压稳定，早期修建的空心墩都设有横隔板。横隔板对滑模施工的连续作业极为不利。此设计图的壁厚与墩身截面直径的比值较大，且墩高不大于50m，所以取消了横隔板。

（4）空心墩顶帽下及基顶上的受力比较复杂，宜设置实体过渡段。实体段与空心墩身以及空心墩身与基础的连接处，均应增设补充钢筋或设置牛腿。

（5）为了减少墩身内外的温差，以降低墩壁中的温度应力，离地面5m以上部分，应在墩身周围设置适量的通风口，其直径不宜小于0.2m，并应有安全防护设施。通风孔应高出设计频率水位。

（6）墩身底部实体段或基础顶面设置排水坡，并在墩底处壁内设排水孔，以排出施工过程中墩身内的积水，竣工后即予以封堵。当设计水位高于排水孔，必须均衡墩壁内外静水压时，竣工后仍保留排水孔。

（7）为检查墩壁内部情况，空心墩顶部设置带门的进入孔一个，洞门尺寸1.3m×0.6m，并可设置固定或活动的检查设备。

三、空心墩的计算特点

空心墩可以视为空间壳体或组合板结构，受力与实体墩有所不同。因此，除一般实体墩计算内容外，还需对一些特别项目进行验算。在应力验算中，要考虑温度应力及空心墩与顶帽及基础连接处由于边界干扰而产生的局部应力；在墩顶位移计算中，要考虑日照温差产生的位移值；验算墩壁的局部稳定；顶帽的计算；验算墩身的自振周期。

（一）空心墩的应力验算

空心墩是空间板壳结构。薄壁结构一般是指壁厚与板宽之比t/R或$t/b \leq 1/10$。我国铁路已建成的空心墩中，圆环形空心墩t/R为$1/3 \sim 1/9$，矩形、圆端形空心墩$t/b=1/6 \sim 1/16$。部分属于厚壁，部分接近或属于薄壁结构范围。对于薄壁结构的空心高墩，理论上应按壳体结构分析其应力。

对高度104.5m，外径D为12.5m，壁厚t为$0.26 \sim 0.50$m圆筒形钢筋混凝土高塔结构进行了理论分析和模型试验，结果表明：塔身中段（除固定端附近和塔顶圆环板附近的上段外）的纵向应力，可以确认按一般材料力学公式计算是既准确又简便的，比试验结果大3.4%~8.8%；试验应力在横截面上的分布基本符合平截面假设，与筒壳的精确弹性理论解非常接近。悬臂筒的挠度，当筒长与半径之比L/R为2.0时，按悬臂梁计算的挠度与按筒壳计算的结果接近，L/R为5时差别更小，L/R为10时，几乎没有差别。固端附近筒壁应力受局部弯矩的影响，在固端截面上，无论在截面的受拉或受压区，筒壁外表面的应力绝对值总是增加，内表面应力绝对值总是减小。在离固端为R~D的范围内，应力衰减很快。

空心高墩是一悬臂梁式长壳，与圆筒形高塔在结构行为上类似。因此，设计时可按一般材料力学方法计算其应力和墩顶位移，不必按壳体计算。但对其两侧则需用壳体公式计算其边界干扰局部应力。

（二）墩身强度和整体稳定验算

根据以上分析，混凝土空心墩的强度验算可按偏心受压杆来计算其应力。与实体墩不同的是，空心墩要求验算拉应力而不考虑应力重分布和偏心距。混凝土空心墩的整体稳定性验算可按与实体墩相同的方法进行。钢筋混凝土空心墩不考虑截面合力偏心距的要求。在外力作用下，按钢筋混凝土偏心受压构件验算混凝土和钢筋应力以及整体稳定性。

（三）空心墩固端边界干扰局部应力问题

从空心墩的构造看，空心墩墩身与顶帽及基础连接处，相当于固端的边界条件，对墩壁变形有约束作用，因而产生局部的纵向应力和环向应力，称边界干扰局部应力，可用薄壳公式计算。根据圆柱形空心墩在中心受压和横向弯曲作用下，局部应力的光弹试验和理论分析表明，按壳体理论计算的结果与实验应力分析大体相近，但一般实验值比计算值偏小。R/t越大，计算值与实验值相差越小；R/t越小，相差越大。这是因为R/t值小，越不符合薄壳的条件，边界干扰局部应力趋于减小。最大边界干扰局部应力的大致参考数值如下：纵向局部应力为按一般材料力学公式计算最大应力的29%~39%，边界干扰环向最大局部拉应力为最大纵向应力的1%。边界干扰局部应力（X_L）的影响长度可按下式确定：

中心受压时：

$$X_L = 3.0R\sqrt{\frac{t}{R}} \tag{3-1}$$

横向弯曲时：

$$X_L = \left(3.90\sqrt{\frac{t}{R}} - 0.277\right)R \tag{3-2}$$

（四）空心墩的温度应力

由于空心墩墩内通风条件差，而混凝土本身导热性能低，在气温骤变时，墩壁内外产生温差，且沿墩壁厚度分布是非线性的，而截面变形服从平截面假定，于是截面温度变形受到约束而产生内约束温度应力。超静定结构由于温度变形还产生外部约束冗力，所以同时产生外约束力和内约束温度应力。温度应力一般是日照正温差时，外壁受压内壁受拉，而寒潮负温差时，外壁受拉内壁受压。

1.最不利温差及其平面分布

计算温度应力首先要确定最不利的最大温差及其平面分布。墩的内表面温度平均值与墩内的温度接近，基本等于日平均温度。墩外表面温度受太阳辐射的影响，比气温稍高。最好应用实测数据确定墩内外表面最大温差。如果没有实测值，则可根据当地气象资料，按照建筑热工中什克罗维尔公式计算求得。中南某地（北纬28°左右）实测资料表明，由于太阳高度角随季节变化，日照向阳面最大温差冬季发生在西南侧，夏季发生在西侧。圆柱形空心墩太阳辐射温差以向阳方位为最大，向两侧递减，可简化为余弦函数变化，而背阳面半圆范围辐射温差为零，只有气温差。

向阳面和背阴面的气温差沿壁厚方向分布：夏季仍按负指数曲线分布，冬季则呈直线分布。寒潮发生负温差时，温度基本上呈线性分布，且四周温差接近相等。沿墩高方向温度分布可视为常数。

2.温度应力的计算

根据上述的实测结果，计算温度应力时可做如下基本假定：太阳辐射温差在向阳面按余弦曲线分布，气温差四周基本一致。日照作用相当于太阳辐射和气温分别作用之和。太阳辐射温差和夏季气温差沿壁厚方向呈非线性分布。冬季气温差和寒潮温差按直线分布。温度作用下结构变形服从平截面假定，应力与应变成正比。静定结构内约束温度应力在同一截面满足静力平衡条件，截面应力自相平衡。下面以圆形空心墩在日照温差作用下的竖向温度应力计算为例，介绍计算内约束温度应力的"等效力法"。

"等效力法"的基本原理仍以静力平衡原理为基础，其思路是：当温度变化时，先假定截面完全约束其变形，从而产生完全约束应力，然后释放假想的完全约束，根据力的平衡原理相当于作用一个大小相等而方向相反的力来平衡，使截面变形服从平截面假定，而桥墩则产生实际的弯曲变形，这两个力所产生的应力叠加即为所求截面之内约束温度应力。圆形空心墩竖向温度应力结构计算图式为悬臂梁，墩顶能自由变形，只有内约束温度应力。太阳辐射时墩身产生弯曲变形，而在四周相同的气温差下，则不产生弯曲变形。

圆形空心墩水平方向的温度应力，由于水平方向为闭合圆环，除内约束温度应力外，还有由超静定结构冗力产生的外约束温度应力。可按结构力学方法选定基本结构，用"等效力法"求约束温度应力，再求温差作用产生的超静定结构冗力和由冗力产生的外约束温度应力，两者之和即为水平方向的温度应力。

四、空心墩墩顶弹性水平位移计算

空心墩墩顶位移包括三项：由于外力（离心力、制动力、风力、偏心作用的竖直力等）引起的水平位移；日照作用下，由于向阳面与背阳面温差引起的位移；由于地基不均匀变形产生的墩顶位移。考虑到日照位移与相邻桥墩为同一方向，对桥上线路影响较小。基础不均匀变形产生一转角，对高墩墩顶引起较大的位移，所以高墩最好设在岩石地基上，使转角为零。

太阳直射作用下，向阳面伸长，背阳面缩短，产生弯曲变形致使墩顶产生水平位移。由上述"等效力法"求太阳辐射时温度应力的过程可知，当解除约束时，在相当于偏心拉力的作用下，截面产生符合平截面假定的变形使墩弯曲。

五、空心墩的局部稳定问题

空心墩的局部稳定直接关系到确定最小壁厚尺寸和是否需要设置横隔板。对圆柱形、圆锥形、矩形空心墩混凝土模型试验和理论分析的结果表明，空心墩的局部稳定可按板壳空间结构进行分析，而且局部失稳均在弹塑性范围内发生。因此，应用非弹性屈曲切线模量理论计算空心墩板壳在弹塑性阶段局部失稳的临界应力。薄板薄壳稳定理论指出，圆柱壳、圆锥壳及长矩形薄板在偏心受压，横弯和纯弯作用下，局部失稳时的临界应力均比中心受压时的临界应力值稍高。因此，可以把中心受压时的临界应力作为偏压，对矩形空心墩可偏于安全地近似按中心受压作用下，上下为较长的矩形长板来分析局部稳定。对于圆形空心墩可按中心受压作用下圆柱壳"长波"失稳来分析，圆端形则为二者的组合。切线模量理论指出，若将结构在完全弹性范围失稳的理论公式中的弹性模量代之以切线变形模量，就可得出弹塑性范围失稳的临界应力公式。

圆柱形、圆锥形、矩形空心墩混凝土模型，在中心受压和偏压作用下，模型发生突然脆性破坏，破坏前无明显预兆，破坏应力值与混凝土抗压强度基本一致，均可认为属强度破坏，不是因局部失稳而破坏。对有隔板模型与无隔板模型进行比较，有隔板模型并不能明显提高承载能力，两者均为强度破坏。有隔板模型的破坏方式是隔板之间的壁板被压坏而隔板附近的壁板却比较完整而很少裂缝，这说明，横隔板的局部环箍作用还是很明显的。理论分析说明，当混凝土空心墩$t/R \geqslant 1/10$或$t/b \geqslant 1/15$时，局部失稳临界应力与混凝土抗压强度很接近。模型试验一般均属强度破坏，与理论分析相符合。从局部稳定角度来看，空心墩可不必设横隔板。但对受扭和横向集中力作用等情况，需另行考虑。对于钢筋混凝土空心墩局部稳定，可更安全地参照混凝土空心墩的试验结果。

六、空心墩顶帽的计算

空心墩的顶帽是周边支承的厚板，除满足构造要求外，尚应通过结构计算确定厚度。顶帽不仅验算应力，还应验算刚度。若顶帽刚度不够则其弯曲变形会对空心墩壁产生附加的弯矩，将使空心墩颈口处提早破坏，安全系数降低。因此，一般应从刚度来控制厚度。计算墩帽时，应考虑冲击力，其冲击力应按支座冲击力计算。顶帽应力计算比较复杂，可按空间问题采用有限单元法使用电算求解，也可做试验测定应力和刚度。在混凝土空心高墩通用图的设计中，把顶帽空间问题简化为"轴对称"问题处理，并采用有限单元法进行电算，其结果是斜拉应力在容许值范围之内。因此，顶帽除底部设置一层双向抗拉主筋外，未设弯起钢筋。

第四节 公路钢筋混凝土桥墩构造与计算

一、钢筋混凝土桥墩构造要求

（一）形式及适用条件

钢筋混凝土桥墩是公路桥梁中使用较为普遍的一种桥墩形式，常用的有桩柱式桥墩和薄壁桥墩。桩柱式桥墩适用于跨径不大于30m、桥墩不太高的桥梁。采用这种桥墩既能减轻墩身自重，节约材料，又较美观，结构轻巧，桥下通视情况较好。柱式桥墩一般采用C25或C30混凝土制造，主要有单柱式、双柱式、多柱式、哑铃式以及混合双柱式五种形式。柱身截面大多为圆形或矩形。

单柱式桥墩适用于水流与桥轴斜交角大于15°的桥梁，或河流急弯、流向不固定的桥梁。在具有抗扭刚度的上部结构中，这种单根立柱还能一起参与承受上部结构的扭力。在水流与桥轴斜交角小于15°、仅有较小的漂流物或轻微的流冰河流中，可采用双柱式或多柱式墩，配以钻孔灌注桩基础，具有施工便利、速度快、圬工体积小、工程造价低和比较美观等优点，是桥梁建筑中较多采用的形式之一。多柱式桥墩多用在较宽的桥梁中。在有较多的漂流物或较严重的流冰河流上，当漂流物卡在两柱中间可能使桥梁发生危险或有特殊要求时，可在双柱间加做40~60cm厚的横隔墙，成为哑铃式桥墩。在有较严重的漂流物或流冰的河流上，当墩身较高时，可把高水位以上的墩身做成双柱式，高水位以下部分做成实体式的混合双柱式墩，这样既减少了水上部分的圬工体积，也增加了抵抗漂流物的能力。

薄壁墩是一种新型桥墩，一般由钢筋混凝土或预应力钢筋混凝土建成，其截面形式一般为一字形、工字形、箱形以及适用于高墩较大跨径的双薄壁形等。一字形的薄壁墩构造简单、轻巧、圬工量小、自重轻，可用于软土土层等地基承载力较弱的地区。一字形薄壁墩在墩位横向也可以做成V形、Y形或其他形状。

这种轻型桥墩可以使用在具有特殊要求的城市及旅游风景区，但结构构造比较复杂、施工比较烦琐，造价也较高。

（二）构造要求

柱式桥墩主要由盖梁、桩柱和横系梁组成。盖梁横截面形状一般为矩形或T形（或倒T形），底面形状有直线形和曲线形两种。直线形施工简单，曲线形施工较复杂，但材料较为节省。盖梁宽度B根据上部构造形式、支座间距和尺寸、支座边缘至盖梁边缘的最小距离拟定，同时也要满足抗震规范的有关规定。盖梁高度H一般为梁宽的0.8~1.2倍。盖梁长度应大于上部构造两边梁（或边肋）间的距离，并应满足上部构造安装时的要求。设置橡胶支座的桥墩应预留更换支座所需的位置，即支座垫石的高度依端横隔板底与墩顶之间的距离以能安置千斤顶来确定。支座下应设置钢筋网以分布应力。盖梁悬臂端高度h不小于30cm，各截面尺寸与配筋需通过计算确定。盖梁一般就地浇筑，施工及设计条件允许时，也可采用预制安装的盖梁及预应力混凝土盖梁。

桩柱主钢筋伸入盖梁或承台进行连接时，为使桩柱和盖梁或承台有较好的整体性，桩柱顶一般应嵌入盖梁或承台15~20cm。露出桩柱顶的主筋可弯成与铅垂线约成15°倾斜角的喇叭形，并伸入盖梁和承台中。若受盖梁或承台尺寸限制，也可不弯成喇叭形，但钢筋的伸入长度（算至弯钩切点）应符合设计规范有关规定。单排桩柱的主筋应与盖梁主筋连接，此外，在喇叭形主筋外围还应设置直径不小于8mm的箍筋，间距一般为10~20cm。

墩柱配筋的一般要求为：纵向受力钢筋的直径应不小于12mm；纵向受力钢筋截面积应不小于混凝土计算截面的0.4%，纵向受力钢筋净距应不小于5cm，净保护层不小于2.5cm；箍筋直径应不小于6mm；在受力钢筋的接头处，箍筋间距应不大于纵向钢筋直径的10倍或构件横截面的较小尺寸，亦不大于40cm。

当用横系梁加强桩柱的整体性时，横系梁高度可取桩（柱）径的0.8~1.0倍，宽度可取桩（柱）径的0.6~1.0倍。横系梁一般不直接承受外力，可不作内力计算，按横截面积的0.10%配置构造钢筋即可。构造筋伸入桩内与桩内主筋连接。一字形薄壁桥墩一般配用托盘式墩帽，其两端为半圆形，采用不低于C25混凝土，加配构造钢筋。墩帽高度不小于25~30cm，平面尺寸视墩身顶部尺寸而定。墩帽四周挑檐宽度为5cm，周边做成5cm倒角。一字形薄壁墩的高度一般不大于7m，墩身截面厚度约为高度的1/50，即30~50cm。墩身可根据外力作用的情况，沿墩身高度计算配置受力钢筋。

双薄壁墩是现阶段我国大、中跨径公路桥梁比较常用的桥墩形式，它由两个相互平行的墩壁组成，与主梁铰接或刚接。钢筋混凝土双薄壁墩可以增加桥梁刚度，减少主梁支反力峰值，提升桥梁美观度。预应力混凝土连续钢构桥采用墩梁固结体系，双薄壁高墩是一种理想的柔性墩，它既能支撑上部结构、保持桥梁稳定，又有一定柔性，适应上部结构位移需要。

二、桥墩的计算特点

（一）盖梁设计

桩柱的钢筋伸入盖梁内，与盖梁的钢筋绑扎成整体，盖梁与桩柱刚接成为刚架结构。对于双柱式墩，当盖梁的刚度与桩柱的刚度比大于5时，为简化计算，一般可按简支梁或双伸悬臂梁计算和配筋。多根柱的盖梁可按连续梁计算。当盖梁计算跨径与梁高之比对于简支梁小于2.0，对于连续梁小于2.5时，应按深梁计算。当刚度比小于5或桥墩承受较大横向力时，盖梁应作为横向刚架的一部分进行计算。计算盖梁内力时可考虑柱支承宽度的影响。

（1）外力计算：①恒载包括上部结构恒载（行车道、桥面铺装、人行道、栏杆等）以及盖梁自重。②活载：根据规定的计算荷载及人群荷载等，分别按其在盖梁上可能产生的最不利情况，求出支点最大反力（汽车荷载应考虑冲击力）作为盖梁的活载。活载横向分布计算：当活载对称布置时，按杠杆法计算；当活载非对称布置时，按刚性横梁法（或偏心压力法、刚接板梁法或G-M法）计算。当盖梁为多根柱支承时，其内力计算可以考虑柱支承宽度的影响。盖梁在施工过程中，荷载的不对称性很大，各截面将产生很大的弯矩，因而要根据当时的架桥施工方案可能出现的施工荷载进行组合，对各截面的受弯、受剪进行验算。构件吊装时，构件重力应乘以动力系数，并视构件具体情况作适当增减。桥墩沿纵向水平力计算。桥墩沿纵向的水平力有制动力、温度力、支座摩阻力以及地震力等。设有油毛毡支座和钢板支座的墩台，其所受的水平力按其刚度分配；设有板式橡胶支座的桥墩，应根据支座与墩台的抗推刚度的刚度集成情况分配和传递水平力。

（2）内力计算：公路桥梁桩柱式墩的盖梁通常采用双悬臂式，计算时的控制截面选在支点和跨中截面。在计算支点负弯矩时，采用非对称布置活载与恒载的反力；在计算跨中正弯矩时，采用对称布置活载与恒载的反力。桥墩沿纵向的水平力以及上部结构活载的偏心将对盖梁产生扭转，计算时应加以考虑。

（3）截面配筋：工程实践中常采用钢筋混凝土盖梁，其配筋验算方法与钢筋混凝土梁配筋类同，即根据弯矩包络图配置受弯钢筋，根据剪力包络图配置弯起钢筋和箍筋。在配筋时还应计算各控制截面扭矩所需要的箍筋及纵向钢筋。当采用预应力混凝土盖梁时，预应力筋及普通钢筋的配置同预应力混凝土梁。

（二）墩柱设计

（1）恒载包括上部结构恒载、盖梁及墩身重力。

（2）活载：按设计荷载布置车列，以得到最不利的车辆位置；计算双柱反力的荷载横向分布系数。

（3）确定设计的控制情况、荷载组合后要分别比较哪一种情况控制桩长和桩的内力。

三、桥墩墩台构造施工

（一）墩台施工基本方法

混凝土墩台翻模施工的基本方法有分节立模间歇灌筑法和分节立模连续灌筑法。分节立模间歇灌筑法是将墩台沿高度分成若干节，分别制作各节模板。自底节开始，立一节模板，灌筑一节混凝土，待混凝土强度达1.2MPa后，再立第二节模板，灌筑第二节混凝土，这样逐节升高，直至墩台灌筑完毕。此法的优点是需要的设备简单，其缺点是施工速度较慢，适用于一般高度的墩台。施工接缝处应安插接头短钢筋或埋接缝石，以提高混凝土墩台的整体性。分节立模连续灌筑法，是灌筑第一节墩台混凝土时，在地面将第二节模板拼组好，待第一节混凝土灌筑完后，立即将第二节模板整体吊装，并在混凝土允许间歇时间（一般为两小时）内安装完毕，继续灌筑第二节混凝土，如此循环直至墩台灌筑完毕。此法施工速度快，墩台整体性好，但应有相应的起吊设备。

（二）墩台模板

模板是混凝土墩台成型的重要结构，其结构、制作质量、拼装速度和周转次数，直接影响墩台混凝土质量、施工进度和工程成本，因此，模板是混凝土施工的重要环节。混凝土墩台翻转模板按材料划分，有木模板、钢模板和钢木混合模板。

1.拼板式木模板

将整个墩台模板分成若干节，每节模板由若干块组成。分节时，应尽量使其中大部分板块可以互相倒用。为便于模板运送、吊装和拆除，拼板尺寸不宜过大，一般长3~4m，宽1~2m，并与现场的板料长度和起吊能力相适应。拼板式模板由面板横带木、立柱、大拉杆铁箍及撑木等构件组成。面板紧贴混凝土，直接承受混凝土的侧压力，常用3~5cm厚木板制造。面板由带木（又称肋木）装订成整块拼板；带木支承面板传来的压力，常用方木或鼓形木制作，带木间距根据混凝土侧压力大小及立柱间距而定，一般为0.8~1.2m。将拼板分块组装成型后，用立柱支承带木、加固模板及连接上下节模板。在两侧相对立柱间，用拉杆（常用620mm左右钢筋制成）拉紧，在拉紧前需在模板内侧设临时撑木，以保持模板设计尺寸，同时拉杆又是立柱的支承点。撑木随混凝土的灌筑而逐根拆除，拉杆则留在混凝土中。拉杆两端宜用可撤式螺栓，以便拆除再用，拉杆的头部在拆模后用与墩身同一配合比的砂浆将孔眼填塞抹光。曲面模板用铁箍箍住，防止弧形部分因受混凝土的侧压力而鼓涨跑模，铁箍间距同拉杆。

2.整体吊装模板

整体吊装模板是在墩台附近地面上预先将整节模板组装好，然后一次吊装就位，使混凝土连续灌筑，从而减少高空作业量，有利于提高施工速度和工程质量。分节高度可视起吊设备能力而定，一般为2~4m。整体吊装前，应在模板内临时加固，防止吊装时变形。起吊时应多设吊点，使模板受力均匀，圆形桥墩的整体吊装模板，由纵横四根扁担梁起吊，模板靠外侧用铁箍拉紧，由于其刚度较好，故内部未设支撑。

3.组合钢模板

组合钢模板以各种标准长度（1500mm，900mm，600mm）、宽度（300mm，200mm，100mm）及转角模板构件，用定型的连接件将构件拼成结构的模板。它具有体积小、质量轻、运输方便、装拆简单、接缝紧密等优点。尤其是组合模板的连接件，不是用螺栓而采用U形卡及L形插销，使安装拆除简化，大大加速了施工进度。组合钢模宜用于模板可在地面拼装、整体吊装的结构上，也可在结构上分片安装。

组合模板精度较高，组拼时要求预拼场地平整，宜用砂浆抹平。在使用、搬运时必须轻拿轻放，不得抛摔。使用完毕后，要及时清理修整，涂油防锈。存放时要按规格分类堆放，如存放在现场，应用帆布遮盖。

（三）混凝土工程

1.混凝土材料

桥涵工程一般使用强度等级42.5以上的普通水泥。受水流冲刷或冰冻作用部分，不得使用火山灰质水泥。对大体积的实体墩台，为减少水化热应优先使用大坝水泥或矿渣水泥，不宜使用快硬和高等级水泥。C50及以下混凝土的最大水泥用量为500kg/m^3；水泥的强度等级应根据所配制的混凝土等级选定，水泥的强度等级与混凝土的强度等级之比对于C30及以下的混凝土，宜为1.1~2.2；对C35及以上的混凝土宜为0.9~1.5。粗细骨料应清洁并具有良好的级配，才能保证混凝土的强度、耐久性及和易性。粗细骨料的用量应精确到+2%。拌和用水不得含有影响水泥正常凝结和硬化的有害杂质、油类和糖类，水的用量精确到+1%。

2.混凝土的搅拌

混凝土应用搅拌机或在搅拌站拌和，以保证质量。桥梁工程常用的搅拌机是自落式搅拌机和强制式搅拌机，强制式搅拌机由于具有更好的拌和质量及较短的拌和时间，得到了越来越广的应用。搅拌机的容量称为干装料容量（进料容量），每次搅拌出的混凝土体积称为出料容量。出料容量与进料容量的比值称为制成量系数，一般在0.65左右。

混凝土搅拌时间、搅拌设备的台数、投料次序及搅拌机容积的装满程度等，都将直接影响混凝土的质量。搅拌时间太短、混凝土拌和不均，将降低混凝土的强度及和易性。用搅拌机拌和混凝土的最短时间应按设备出厂说明书的规定，并经试验确定。

3.混凝土的运输

混凝土从搅拌站运到模板中，一般需要经过水平运输、垂直运输和混凝土分配三道工序。混凝土在运输过程中应不发生离析分层、灰浆流失、坍落度变化及凝结等现象。

（1）钢塔架主要用于解决材料和人员的垂直运输。钢塔架是用角钢制成的杆件和节点板组成的井形构架，用螺栓连接，并配有扒杆、混凝土吊斗、滑车组、卷扬机等起重机具。施工现场常用的钢塔架有两种：一是厂制的混凝土输送塔架；二是利用万能杆件拼组的提升塔架。

①混凝土输送塔架由塔架、扒杆、吊斗、导杆、漏斗、溜槽、卷扬机和浪风绳等组成。吊斗用来提升混凝土，它由电动卷扬机牵引沿导杆提升到灌筑高度，吊斗能自动倾倒，将混凝土卸入漏斗，再通过溜槽注入模板。塔顶扒杆用来起吊模板和其他材料。目前这种塔架灌筑高度分30m和60m两种，塔身断面尺寸为1.6m×1.6m，吊斗容积为0.4m³，扒杆长度7m，最大起吊重量，与立柱夹角65°时吊重7kN；与立柱夹角25°时吊重15kN，电动机功率为11.4kW。

塔身构架的节点间距为1.5m。塔架立柱分底节、中间节和顶节（均用90mm×90mm×8mm的角钢制成）三种，横撑和斜撑均用60mm×60mm×8mm的角钢制成。节点板已焊在立柱上，以便于拼装；塔架基础用混凝土，高度大时应加设浪风绳，以保证塔架稳定。

②万能杆件是铁路工程施工中被广泛使用的常备式钢构件。构件共有30个编号，基本杆件为角钢，它可以根据施工需要拼组成各种形式的辅助结构，由于万能杆件的断面尺寸较大，立柱、横撑及斜撑均可采用单根、双根或四根角钢拼组，故可拼成塔身较高、起重量较大的提升塔。万能杆件拼组的钢塔架高度可达80m，自带扒杆用以提升模板、混凝土和其他材料。在塔架内设之字形梯或吊笼，供施工人员上下桥墩。

为保证塔架稳定，在拼装及使用过程中必须设浪风绳，除在塔顶设置一组（四根）浪风绳外，塔身中部应每隔20m设一组。当塔架较高或起重量较大时，除设浪风绳外，还可采取在墩身一定高度预埋角钢或钢板与塔架相连，形成附着式塔架。塔架应设置适当的基础，若塔架高度不超过30m，且地基土比较密实，可采用卧木基础。卧木基础是将基底整平夯实后，铺10～20cm碎石找平，再纵横密铺两层枕木，枕木间用扒钉连接，塔架底座用道钉或螺栓与枕木固定。当地基土较松软或塔架高超过30m时，则需采用混凝土基础，基础厚一般为0.7～1.0m，并预埋螺栓固定塔架底座。

（2）缆索吊车既可作垂直运输，又可作水平运输，不受桥高和地形的限制，一套装置可以承担几个墩台甚至全桥的运输，可用于挖基运土，吊装模板，吊运混凝土及其他材料等，具有使用方便、节省劳力等优点。因此，在山区桥梁施工中运用较广泛。

塔架立于桥头两岸地形较高处，用于提高缆索的高度并支承缆索荷载。塔架有木制、钢制和钢木混合结构，现场常用万能杆件拼组塔架。如两岸地形适宜，高度满足施工，也可不设支架，直接将承重索锚固于地域上。塔架顶部设有索鞍，用来支承承重索，减小承重索的弯折，并减小承重索与塔架之间的摩擦阻力。索鞍有简易式、滑动式和滑轮式。塔架应视地基土质情况设置卧木基础或圬工基础。塔架应设浪风绳以保证其稳定。承重索即起重小车的行驶轨道，承受由起吊重量和索具自重引起的拉力。它是用一根或数根较粗钢索，纵跨桥孔，支承在塔架顶部的索鞍上，并锚固于地域。牵引索牵引起重小车在承重索上往返移动；起重索用于起吊重物作垂直升降。起重索和牵引索均用卷扬机牵引。

（3）各种吊机：墩台施工时，为解决材料和人员设备的垂直甚至水平运输问题，可根据桥梁施工高度及混凝土运送条件，选用各式履带或轮胎吊机、塔式吊机等。

（4）混凝土泵用于解决混凝土的运输问题。泵送混凝土是一种先进的施工方法，它是用压力把混凝土通过硬的或软的管道输送到指定位置。混凝土应具有较大的流动性，泵的出口处混凝土坍落度宜在8~12cm范围内。为此，搅拌机出料坍落度宜控制在13~17cm。坍落度过小，管道易堵塞；坍落度过大，则混凝土可能发生析水和离析现象，也可能导致管道堵塞。为了提高混凝土的流动性，减少管道堵塞的危险，可掺加减水剂或加气剂。

常见的混凝土输送泵有两种：移动式混凝土泵，一般只垂直运送混凝土，运送高度在50m左右；固定式混凝土泵，垂直与水平方向均可运送，其运送距离可在100m以上。

4.混凝土的灌筑

灌筑混凝土前，应检查模板的位置和尺寸是否正确；钢筋及预埋件等是否符合设计要求。模板应湿润，必须清除模板内一切杂物并用水冲洗干净。墩台混凝土的灌筑应连续进行，分节施工或因故停工时，必须做好接头处理。混凝土灌筑的自由落体高度不超过1.5m，超过时应用滑槽、串筒或减速串筒，以减小倾落高度，防止离析。

混凝土灌筑和捣固应分层进行，每层厚度15～40cm，视所用捣固方法及混凝土的坍落度而定。应在下层混凝土开始凝固前将上层混凝土捣固完毕。混凝土捣固密实的标志是：混凝土不再下沉，表面平整并浮现一层薄水泥浆，此时应立即停止振捣，否则将造成离析。同时也不允许漏捣。为了节约水泥，在实体混凝土墩台中，可以填放抗压强度不低于30MPa的片石。填放量不超过全部混凝土体积的20%。片石应分层竖放且其间距不小于10cm，石块与模板净距不小于25cm，最上层片石顶面有不少于25cm厚的混凝土。

（四）滑动模板施工

滑动模板是用一节模板，连同工作脚手架，以整体形式，安装在基础顶面，依靠自身的支承和提升系统，在灌筑混凝土的同时，模板也慢慢向上滑升，这样可连续不断地灌筑混凝土。采用此法施工的墩台整体性好，施工速度快，高空施工安全。缺点是由于使用了半干硬性混凝土，表面质量难以控制。

1.滑模的构造

根据桥墩类型、墩身坡度、截面形状和提升方式的不同，滑模可以设计成不同的形式。这里介绍电动液压千斤顶提升的圆形空心墩滑模的构造。滑动模板主要由卸料平台、工作平台、内外模板、内外吊架和提升设备等组成。

（1）卸料平台。由钢环、横梁、立柱、栏杆、步板和串筒等组成，是堆放、灌筑混凝土和起重指挥的作业台。

（2）工作平台。由内外钢环、辐射梁、栏杆和步板等组成，是整个模板结构的骨架。它除了为捣固混凝土、绑扎钢筋、操纵液压系统、测量纠偏、存放部分钢筋和顶杆等施工材料提供场地外，还将滑模其他部分互相连接起来，并将整个滑板通过液压千斤顶支承到顶杆上。

（3）内外模板。内外模板采用钢面板、角钢和槽钢制成，分固定模板和活动模板两种。固定模板为焊成整块的模板。每块活动模板由五块可拆卸的小模板组成，这些小模板的竖带上都焊有螺母，再用螺栓与横带组装在一起。固定模板安装在收坡丝杆上，收坡丝杆安装在立柱上，立柱固定在辐射梁上。活动模板则搭接在两块固定模板之间，支承在固定模板的横带上。

（4）内外立柱和收坡丝杆。内外立柱安装在辐射梁上，是内外模板的支承。收坡丝杆为一根带有螺纹的螺杆，它穿入焊在立柱上的螺母中固定模板位置，同时也是控制模板收坡的构件。

（5）内外吊架。吊架由竖杆、横杆、步板和安全网等组成。为抹面、养护和收坡作业的脚手架。

（6）提升设备由电动液压千斤顶、顶杆与套管、液压操纵台和输油管路等组成。顶杆是液压千斤顶的爬行杆，又是整个模板的支承杆。

2.滑模提升

液压千斤顶提升步骤。

（1）进油提升。利用油泵将油压入缸盖与活塞之间，在油压作用之初，上卡头立即卡紧顶杆，使活塞不能向下移动。随着缸盖与活塞间进油量的增加，高压油使缸盖连接缸筒、底座及整个滑模结构一起上升，直至上下卡头顶紧时，提升暂停。此时，弹簧处于完全压缩状态。

（2）排油归位。开通回油管路，解除油压，利用排油弹簧推动下卡头使其与顶杆顶紧，同时推动上卡头向上运动将油排出缸筒，在千斤顶及整个滑模位置不变的情况下，使活塞回到进油位置。至此，完成一个提升过程。为了使各液压千斤顶协调一致地工作，应用高压油管连通油泵与各千斤顶，由操纵台集中控制。

3.滑模收坡

滑模收坡主要靠转动收坡丝杆移动模板，使内、外模板在提升的同时，根据墩内外半径缩小的情况，在辐射方向变更模板位置。在提升过程中，随着墩身直径缩小，模板的周长也相应缩短。因此，固定模板之间的活动模板相互搭叠，随着墩身截面周长的缩短，模板搭叠范围将不断增大，待搭叠增大至一定程度时，可抽出部分活动模板，再继续提升收坡。

（五）翻模施工

翻模是由传统滑模演变而来的，滑模在铁路桥梁高桥墩施工中存在顶杆回收率低、设备重量大、投资多等缺陷，将翻模技术引入铁路桥梁施工，经实际使用检验，效果良好。翻模是由上、中、下三组模板组成，随着混凝土的连续灌注，下层混凝土达到拆模强度后，由下向上将模板拆除，持续支立，如此循环往复，完成桥墩的灌注施工。但鉴于使用过程中容易出现诸如拉槽、挂浆及纠偏等问题，翻模施工技术适用于圆形、圆锥形、矩形等各种截面形式的高墩施工。

翻模施工有以下优点：施工的桥墩外观质量好，无扭转和不规则错台现象，墩身表面光滑平顺；施工进度较快，其施工速度因桥墩截面尺寸和形状的不同而略有差异，一般每天可完成一板；可连续或间断施工，便于施工管理；较好地解决了高墩收坡问题，操作简单方便，劳动强度低，作业安全；液压翻模平台与模板没有连接，平台的偏心和扭转对桥墩没有任何影响。

1.翻模的基本结构

翻模工作原理是随着各节段混凝土的灌注，通过液压千斤顶为动力提升平台并带动吊架，进而模板不断上翻，直至墩顶。其基本结构包括平台、提升收坡机构、液压提升系统、吊架和模板等部分，总重一般不超过40t。

翻模平台由辐射梁、内外钢环和步板组成，采用型钢制作，螺栓连接，提供安放小型机具和人员作业的场地。提升收坡机构由收坡小车、收坡丝杠、顶杆和套管组成。收坡时小车在丝杠的作用下，沿辐射梁作向心运动，带动千斤顶和顶杆、套管。顶杆采用无缝钢管，两端带丝扣接头，另外，为回收顶杆以降低成本，在硬杆外部加装钢管做套管，上端通过法兰连在小车上。液压提升系统包括千斤顶、控制台、调平限位器及高压油管等。

吊架分内、外两部分，型钢焊制，为便于安装，一般分两节，总高约为6m，上端连接在与收坡小车类似的行走机构上，随着墩身直径的变小向内移动，保持与墩身混凝土面在300~500mm吊架间设行走步板，外挂密目网。人员在内进行拆装模板、混凝土面修护等作业。

2.施工工艺

实施作业时，模板的翻升和灌注混凝土可同时进行，平台就位后再进行立模，立模应先内后外，内模调整到位后再立外模，外模通过撑木和对拉螺栓定位，施工期间穿插进行顶杆接长和混凝土养护等作业。

3.模板的形式

目前，施工单位对混凝土表面质量普遍有较高要求，模板的收坡不宜采用传统的搭接错动的方式，模板的收坡可采用抽取模数模板的方式。具体做法是：根据墩身坡率，计算出每翻动一次（4.5m）的收坡量，均分到几个抽动点上，以此为模数设计若干块抽动模板宽度分别是该模数的1、3、6等倍数。这样就较好地解决了模板（特别是曲面模板）的收坡问题，但对模板的加工精度要求较高。

（六）爬模施工

1. 爬模构造

爬模是在滑模的基础上研制的一种适合高墩施工的模板系统，它克服了滑模的一些缺点，使高墩的施工质量更有保障。爬模主要组成部分有网架主工作平台、双悬臂双吊钩塔吊、内外套架、内爬支架机构、外挂L形支架、液压顶升及控制系统、模板及支撑系统，以及配电设备等。

（1）网架工作平台。它是整个爬模系统的工作平台，采用空间网架式结构，重量轻承载能力强。在其上面安装中心塔吊，下面安装顶升爬架，四周安装L形支架，中间安装各种操作控制、配电设备，它主要承担上面塔吊重量和运料时的冲击力，下面的液压缸通过外套架提供顶升力和四周L形支架的支撑反力。整个网架结构采用万能杆件和联板用螺栓拼组而成，构件的运输、组装和拆卸方便。

（2）中心塔吊。连接在网架平台中心处，随爬模一起上升，采用双悬臂双吊钩形式，以减少配重，可双向上料并能旋转，也可单向单斗上料，另一端挂配重。上料方便，效率较高，具有一般塔吊的性能。

（3）L形支架。上部连接于网架平台四周，下部与已经凝固的墩壁连接，以增加爬模的整体稳定性，并可作为墩身养护、表面整修以及施工墩帽的脚手架，其结构采用型钢杆件和连接板拼组，拼拆方便。

（4）内外套架是整个爬模体系的顶升传力机构。爬模的上升，是靠内外套架间相对运动而实现的，为保证升降平稳，在内外套架间设有导向轮，导向轮采用轴承进行安装，调整方便，滑动自如。采用型钢杆件拼装拆卸方便，工艺性能好。

（5）内爬支脚机构。即上下爬架，是爬模的爬升机构，依靠上下爬架的交替上升，从而达到爬模的升高。采用箱形结构，受力状态好，可以调整以适应各种不同截面，操作方便。

（6）液压顶升机构是整套爬模爬升的动力设备。采用单泵，双油缸并联、定量系统，体积小，重量轻，结构紧凑，起升平稳。既可实现提升作业，又可将整个内外套架，内爬腿沿内壁逐级爬下，以便在墩底解体，方便施工。

（7）模板体系。采用专用大钢模，以加快支拆速度，提高墩身混凝土表面质量。

2.工作原理

爬模的爬升原理是以空心桥墩已凝固的混凝土墩壁为承力主体，内爬支脚机构的上下爬架及液压顶升油缸为爬升设备主体，油缸的活塞杆与下爬架搭接，缸体与上爬架铰接，上爬架与外套架连接而外套架又与网架工作平台连接，支撑整个爬模结构。通过油缸活塞杆与缸体间一个固定一个上升，上下爬架间也是一个固定，一个相对运动，达到上爬架和外套架、下爬架和内套架交替爬升，从而完成爬模结构整体的爬升、就位、校正等工序。内爬架支脚机构的上下爬架与墩壁的支点方式采用在墩壁上预埋穿墙螺栓，然后在其上连接支撑托架，上下爬架的爬靴支在托架上，以此为支撑点向上爬升。

3.爬模施工

组装过程中，应注意各大部件的组装顺序和精度要求。要保证各连接件的紧固、各运动部位的润滑防尘等，并设立安全保护设施，确保组装工作的安全。模板配置为两层1.5m高的钢模，按循环灌筑一节模板的混凝土施工，当上一节模板内混凝土灌筑完毕，经过养护达到设计要求的强度后，开始爬升，就位后，拆下部一节模板，同时进行钢筋绑扎，并把拆下的模板立在上节模板之上，再进行混凝土灌筑、养生、爬模爬升等工序，如此往复循环，两节模板连续倒用，直至完成整个墩身的混凝土灌筑。按设计要求布置墩身护壁钢筋，钢筋接长在前次混凝土顶面1.6m范围内进行，大于1.6m的暂不接长，每次接长3m左右。在竖直钢筋的接长和绑扎过程中不得损坏内外模板，并注意预埋穿墙螺栓和套筒位置。

在绑扎钢筋的同时，进行第二节模板的拆除和倒用，拆模时注意不要硬撬。拆模后要及时进行检查整修，清除模板表面的灰浆污垢并涂刷脱模剂。在安装新一层模板前，应将模板分成3~4块大模板，按照事先根据墩身直径和坡度的变化列出的模板收分表分别予以调整收分。在爬模施工中，墩身通过穿墙螺栓承受全部施工荷载，所以一定要保证混凝土的质量。浇灌前，要先对模板的各部位特别是预埋穿墙螺栓的位置进行认真检查，混凝土应严格执行对称分层浇灌、分层振捣，均匀浇圈的制度。混凝土入模时要均匀倒入模板内，注意不要冲击模板和平台杆件。先将上爬架的四个支腿（爬靴）收缩部分尺寸，然后操纵液压控制两顶升油缸活塞杆支撑在下爬架上，两缸体同时向上顶升，并通过上爬架、外套架带动整个爬模结构向上爬升，待行程达1.5m时，停止爬升，调节专门丝杆，伸出四个支腿，使爬靴就位，支在爬升支架上（此处混凝土是三四天前浇筑的），然后再操纵液压控制台，使活塞杆收回，带动下爬架，内套架上升就位，并把下爬架支腿支撑好。爬升工序还包括接长外挂爬梯、放钢丝绳、拆穿墙螺栓及其倒用等。

当爬模网架主工作平台下面高于墩顶设计高程30cm时停止爬升，墩身混凝土灌筑到空心段高程时停止，并在墩壁的适当位置顶埋连接螺栓；将墩壁内模拆除，并把L形外挂支架顶部杆件连接在预埋螺栓上，以此搭设墩帽外模板。利用空心墩顶端内爬架以及墩壁预埋螺栓支设实心墩底模，利用爬模本身的塔吊完成墩顶实心段及墩帽的施工。

爬模分两部分拆卸，第一部分是位于墩身内部的内爬升机构，包括内外套架、上下爬架，油缸等；第二部分是包括网架工作平台，吊车机构、外挂架等所有外部结构。拆卸过程中必须设置安全保护措施，并按照拆卸顺序和高空作业安全规则进行，各部分的拆除必须严格对称，边拆边运。外部机构可利用爬模的塔吊拆除，此时应保证吊车井架底部与墩顶的连接必须牢固可靠。塔吊靠墩顶上临时安装的简易扒杆来拆除。对拆除后的爬模零部件应进行检查、维修、妥善保管、分类存放，以备再用。

第四章 公路隧道基本构造

第一节 隧道构造组成

一、隧道的定义及其结构组成

（一）有关隧道的定义

（1）隧道：修筑在地下的通道建筑物。工程中，常将未加支护的毛洞称为坑道。

（2）围岩：隧道周围一定范围内，对隧道稳定有影响的那部分岩体。也可表述为：隧道周围一定范围内，受隧道工程施工和车辆荷载影响的那部分岩体。

（3）支护：为维护围岩稳定而施作的人工结构。

（二）隧道的结构组成

隧道的结构组成是指隧道作为单位工程，其结构是由哪些部分组成的，以及每一部分在总体中各起什么作用。按照现代隧道工程理论，隧道结构是由围岩、支护、洞口、附属设施四部分组成的。围岩是天然（不可替代）的结构部分，也是隧道结构的主体。支护是帮助围岩获得稳定的人工结构部分。支护结构又分为初期支护和二次支护。洞门是明暗交界处的结构部分。附属设施是功能性构造部分，附属设施包括（铁路隧道）大小避车洞、下锚段、人行横洞或（公路隧道）紧急停车带、人/车行横通道、洞内排水（沟槽）系统、电力电缆（管槽）系统、辅助通风（巷道）系统。

二、隧道的种类、规模和工程特点

（一）隧道的种类

隧道的种类很多，从不同的角度可有不同的分类方法。按隧道的作用可将其划分为交通隧道、输水隧道、市政隧道、矿山隧道四类；按隧道所处的地质条件来分，可以分为土质隧道和石质隧道；按埋置的深度来分，可以分为浅埋隧道和深埋隧道；按隧道所在的位置来分，可以分为山岭隧道、水下隧道、水底隧道和地铁隧道等。以下通过具有代表性的实例介绍各种隧道。

1.交通隧道

绝大多数隧道是为交通而建的。交通线上的隧道是提供交通运输的地下通道。交通线上的隧道又分为铁路隧道、公路隧道、航运隧道三种。交通线上的隧道绝大多数是山岭隧道，多数的水底隧道和水下隧道也是为铁路或公路交通而建，地铁隧道则是指建在城市地下铁路线上的隧道。

（1）山岭隧道是建在铁路、公路交通线上山岭区段的隧道。绝大多数铁路、公路隧道位于山岭地区。我国典型的铁路隧道有京广铁路大瑶山隧道（双线，长14.295km）、兰新铁路乌鞘岭隧道（2座单线隧道各长20.050km）等；典型的公路隧道有西康高速公路秦岭终南山公路隧道（东线、西线隧道各长18.020km）。

（2）水下隧道是建在河床或海床以下地层中的交通隧道。当交通线需要横跨河道或海峡，但水道通航需要较高的净空，而桥梁受两端引线高程的限制，无法抬起必要的高度而不适合采用桥梁通过时，或者受天气条件限制不宜采用轮渡或桥梁通过时，可采用水下隧道通过。它不但可以避免限制水道通航和天气条件对交通的影响，而且在战时有较好的隐蔽性。水下隧道多采用盾构法施工或掘进机法施工。盾构法（Shield Method）主要适用于软岩地层施工，掘进机法（TBM）主要适用于硬岩地层施工。

（3）水底隧道是用沉埋法建在河床或海床上的交通隧道或输水隧道，也称为沉管隧道或沉埋隧道。

（4）地铁隧道是建在城市地下铁路线上的隧道。

（5）航运隧道是建在水运交通线上的隧道。在河道受山岭阻碍迂回曲折，流程较长而落差不大的条件下，可以用隧道穿越山岭，截弯取直河道，缩短船只通航航程。显然，这种隧道既可过水又可过船。

2.输水隧道

输水隧道是指用于输送水流的隧道，主要用在水利工程中。输水隧道分为引水隧道、尾水隧道、泄洪隧道、排沙隧道。

（1）引水隧道：又分为两种，一种是把江河之水引入用于农业灌溉、城市生活、工业生产或水库蓄能的输水隧道；另一种是把蓄水引入水力发电机组，驱动水力发电机发电的输水隧道，也称为进水隧道。

（2）尾水隧道是把从水力发电机排出的尾水输送出去的输水隧道。

（3）泄洪隧道是用于在洪水期间疏导排泄洪水的隧道。

（4）排沙隧道是利用水流的冲刷携带作用排泄水库中淤积的泥沙或排空水库里的水，以保持水利设施正常工作和便于进行水坝检修的输水隧道。输水隧道按照水在隧道中的充满状态又分为有压隧道和无压隧道。有压隧道因隧道内部充满水而使隧道衬砌既承受围岩压力又承受向外的水压力。无压隧道因隧道内部未充满水而使隧道衬砌过水部分既承受围岩压力又承受向外的水压力，不过，过水部分只承受围岩压力。

3.市政隧道

市政隧道是城市中为供给城市用水、排放城市污水、安置各种市政设施、战时庇护人员和重要财产等的地下孔道。市政隧道分为给排水隧道、城市管沟、人行地道及人防隧道。

（1）给排水隧道：给水隧道是用于城市供水的隧道，排水隧道是用于引流排放城市污水的隧道。

（2）城市管沟：城市中供给燃气、暖气的管道以及电力、通信电缆等，都是放置在地下的管沟中的。这些地下管沟多设置在街道两侧人行道地面以下。城市管沟既可以保护各种管线不被破坏和稳定输送，又简化了城市街道地面公共设施，美化了市容。根据管线功能和安全的需要，可将不同管线安设在不同的管沟中，也可将以上几种管线安设于一个大的"共同沟"中。

（3）人行地道：只建在城市地下专供人员通行的隧道，也称为过街地道。它主要是在城市交通繁忙地区，为改变人车混行状况，保证行人安全，提高车辆通过能力而修建的立体交叉地下人行通道。

（4）人防隧道是战争时期用于庇护人员、重要设备和财产免受袭击破坏，建造于城市（或乡村）的隧道。人防隧道工程除没有给排水、通风、照明和通信设备以外，在洞口处还设置有防爆装置以阻止冲击波的侵入；并且常做成多连通，互相贯穿，在紧急时刻，可以随时找到出入口的复杂结构形式。

4.矿山隧道

矿山隧道又称为矿山坑道或巷道，是用于穿越地层通向矿床，以便开采矿体的隧道。矿山隧道主要分为运输巷道和通风巷道。

（1）运输巷道：是从地面向地下开凿的通到矿床的运输通道，通过运输巷道到达矿体后再开辟采掘工作面。运输巷道一般应设置永久支撑，而采掘面只需按采掘工作的需要提供临时支撑。运输巷道不仅是主要的运输通道，通常情况下给排水管道也安装在运输巷道中，以便送入清洁水供采掘机械使用，并将废水和地下水排出洞外。同时，运输巷道还可以与通风巷道或与通风机加管道构成空气对流的回路。

（2）通风巷道是为了补充新鲜空气，排除机械废气、工作人员呼出的气体，以及地层中释放的各种易燃、易爆、有毒、有害气体，防止燃烧、爆炸、窒息，保证坑道工作环境条件和人员设备安全而设置的巷道。通风巷道应与运输巷道或与通风机加管道构成空气对流的回路。

（二）隧道的规模

隧道工程的规模大小，一般可从长度和开挖断面两个方面来加以区分。

（1）我国公路（铁路）隧道的长度等级划分为：

①长度在500m及以下为短隧道；

②长度在500~1000m为中长隧道（铁路隧道500~3000m）；

③长度在1000~3000m为长隧道（铁路隧道3000~10000m）；

④长度在3000m以上为特长隧道（铁路隧道10000m以上）。

（2）我国铁路隧道的开挖断面等级划分为：

①断面积在10m^{2}及以下为小断面；

②断面积在10~50m^{2}为中等断面；

③断面积在50~100m^{2}为大断面；

④断面积在100m^{2}以上为特大断面。

（三）隧道工程的特点

规划、勘察、设计、施工各部门均应该考虑隧道工程的特点。隧道工程的特点可归纳为如下6点。

（1）隧道工程主体结构埋设于地面以下，因此，隧道周围区域的工程地质和水文地质条件对隧道施工能否顺利进行起着重要的、决定性的作用。地质条件不同，施工方案会有较大的差异。

因此，隧道工程必须在测量阶段做好详细的地质调查和勘探，尽可能准确地掌握隧道工程范围内的岩层性质、岩体强度、完整程度、地应力场、自稳能力、地下水状态、有害气体和地温状况等资料，并根据这些资料，初步选定合适的施工方法，确定相应的施工措施和配套的施工机具。此外，由于地质条件的复杂性和勘探手段的局限性，在施工中出现意外的地质情况是不可避免的。因此，在长大隧道的施工中，还可采取超前试验导洞、超前水平钻孔、超前声波探测等技术措施，进一步查清掘进前方的地质条件，预先掌握工程地质及水文地质的变化情况，以便及时修改施工方法和采取必要的技术措施。

（2）隧道是一个狭长的建筑物，作业面受限，施工速度比较慢，一些长大隧道的工期往往也比较长，因此，隧道工程多成为新建线路上的控制工程。隧道工程不像桥梁线路等工程可以将作业全面铺开。一般情况下，隧道只有进口与出口两个作业面，即使开设辅助坑道增加作业面，也十分有限。如何在有限的施工空间中最大限度地发挥施工管理的作用，是影响施工进度的关键所在。

在隧道施工中，尽可能多地将施工工序沿隧道纵向展开，进行平行作业，并解决好顺序作业与平行作业之间的关系，是节省时间、加快速度、缩短工期的有效途径。而对于长大隧道工程，则可以考虑设置适当数量的平行导坑、横洞斜井或竖井等辅助导坑来增加工作面，以加快施工速度，缩短总工期。

（3）与桥梁和线路工程相比，隧道施工受昼夜更替季节变换、气候变化等自然条件的影响较小，因此，一般均可以常年全天候稳定地安排施工，但在浅埋区段受地下水影响明显时，应注意规避。

（4）地下工程的施工环境较差，在施工过程中还可能进一步恶化。例如，爆破产生有害气体、喷射混凝土产生粉尘等，必须采取有效措施加以改善；如采用人工通风、照明、防尘、排水等，使施工场地符合卫生条件，以保证施工人员

的身体健康，提高劳动生产率

（5）隧道是种埋设于地下的大型隐蔽工程，建成困难，建好困难，一旦建成后要更改就更困难。所以，在规划和设计中，应认真研究隧道与线路之间的关系，详细调查隧道区域地质等问题。在施工过程中，要使每一道工序都严格按有关规定进行，确保隧道工程质量达到标准要求，当工期与质量发生冲突时，应优先保证工程质量。

（6）隧道大多穿越崇山峻岭，工地一般都位于偏僻的深山峡谷之中，往往远离已有交通线，运输不便，物资供应困难。

第二节　隧道洞身支护结构的构造

一、洞身衬砌结构的类型

山岭隧道的衬砌结构形式，主要是根据隧道所处的地质地形条件，考虑其结构受力的合理性、施工方法和施工技术水平等因素来确定的。随着人们对隧道工程实践经验的积累，对围岩压力和衬砌结构所起作用的认识的发展，结构形式发生了很大变化，出现各种适应不同的地质条件的结构类型，大致有下列7类。

（一）直墙式衬砌

直墙式衬砌形式通常用于岩石地层垂直围岩压力为主要计算荷载、水平围岩压力很小的情况。一般适用于Ⅰ、Ⅱ级围岩，有时也可用于Ⅳ级围岩。对于道路隧道，直墙式衬砌结构的拱部，可以采用割圆拱、坦三心圆拱或尖三心圆拱。三心圆拱指拱轴线由三段圆弧组成，其轴线形状比较平坦时称为坦三心圆拱，形状较尖时称为尖三心圆拱，若半径都相同时即为割圆拱。如果围岩完整性比较好的Ⅰ~Ⅱ级围岩中，边墙可以采用连拱或柱，称为连拱边墙或柱式边墙。

为了节省圬工，也可以采用大拱脚薄边墙衬砌。如果具备喷混凝土条件时，边墙可以用喷混凝土代替。但该法有一定的局限性，最大的问题是大拱脚支座施工困难，在非均质岩层中很难用钻爆法做出整齐稳定的支座。因此，在这种较好围岩中，不如优先考虑喷锚支护。

（二）曲墙式衬砌

通常在Ⅳ级以下围岩中，水平压力较大，为了抵抗较大的水平压力把边墙也做成曲线形状。当地基条件较差时，为防止衬砌沉陷，抵御底鼓压力，使衬砌形成环状封闭结构，可以设置仰拱。

（三）喷混凝土衬砌、喷锚衬砌及复合式衬砌

为了使喷混凝土结构的受力状态趋于合理化，要求用光面爆破开挖，使洞室周边平顺光滑，成型准确，减少超欠挖。然后在适当的时间喷混凝土，即为喷混凝土衬砌。根据实际情况，需要安装锚杆的则先装设锚杆，再喷混凝土，即为喷锚衬砌。如果以喷混凝土、锚杆或钢拱支架的一种或几种组合作为初次支护对围岩进行加固，维护围岩稳定防止有害松动。待初次支护的变形基本稳定后，进行现浇混凝土二次衬砌，即为复合式衬砌。为使衬砌的防水性能可靠，保持无渗漏水，采用塑料板作复合式衬砌中间防水层是比较适宜的。

（四）偏压衬砌

当山体地面坡陡于1∶2.5，线路外侧山体覆盖较薄，或由于地质构造造成的偏压，为承受这种不对称围岩压力而采用衬砌。

（五）喇叭口隧道衬砌

在山区双线隧道，有时为绕过困难地形或避开复杂地质地段，减少工程量，可将一条双幅公路隧道分建为两个单线隧道或两条单线并建为一条双幅的情况，（或车站隧道中的过渡线部分），衬砌产生了一个过渡区段，这部分隧道衬砌的断面及线间距均有变化，相应成了一个喇叭形，称为喇叭口隧道衬砌。

（六）圆形断面隧道

为了抵御膨胀性围岩压力，山岭隧道也可以采用圆形或近似圆形断面，因为需要较大的衬砌厚度，所以多半在施工时进行二次衬砌。对于水底隧道，由于

水压力较大，采用矿山法施工时，也多采用二次衬砌，或者采用铸铁制的方形节段。水底隧道广泛使用盾构法施工，其断面为全圆形。通常用预制的方形节段在现场拼装。此时，在顶棚以上的空间和路面板以下的空间可以用作通风管道，车行道两侧的空间可以设置人行道或自行车道，有剩余空间时还可以设置电缆管道等。水底隧道的另一种施工方法是沉管法，有单管和双管之分，其断面可以是圆形，也可以是矩形。

岩石隧道掘进机是开挖岩石隧道的一种切削机械，其开挖断面通常为圆形，开挖后可以用喷混凝土衬砌、喷锚衬砌或拼装预制构件衬砌等多种形式。

（七）矩形断面衬砌

用沉管法施工时，其断面可以用矩形形式。用明挖法施工时，尤其在修筑多车道隧道时，其断面广泛采用矩形。这种情况，回填土厚度一般较小，加之在软土中修筑隧道时，软土不能抵御较大的水平推力，因而不应修筑拱形隧道。另一方面，矩形断面的利用率也较高。城市中的过街人行地道，通常都在软土中通过，其断面也是以矩形为基础组成的。

二、支护结构

在隧道及地下工程中，支护结构通常分为初期支护（一次支护）和永久支护（二次支护、二次衬砌）。一次支护是为了保证施工的安全、加固岩体和阻止围岩的变形、坍塌而设置的临时支护措施，常用支护形式有木支撑、型钢支撑、格栅支撑、锚喷支护等，其中型钢支撑、格栅支撑、锚喷支护一般作为永久支护的一部分，与永久支护共同工作。二次支护是为了保证隧道使用的净空和结构的安全而设置的永久性衬砌结构。常用的永久衬砌形式有整体衬砌、复合式衬砌拼装衬砌及锚喷衬砌等。

隧道所处的工程地质条件是多种多样的，围岩情况十分复杂，既有良好的，也有很差的。隧道在岩土中埋置位置不同，其结构受力和围岩的稳定性也不同。有些隧道初期围岩较稳定，但随着时间的推移，风化剥落、掉块，随着水文状况的改变，围岩松弛，出现小坍塌，以至失去稳定。这时，要补做衬砌就很困难，技术经济方面更不合理。因此，不提倡完全不衬砌的隧道，而提出隧道应做衬砌的要求。就是很好的围岩，如I级围岩，也应清除松动岩块后喷射薄层细粒混凝土支护或水泥砂浆防护，以防止岩体风化，保证隧道的安全可靠使用。隧道衬砌是永久性的重要结构物，应有相当的可靠性和保证率，一旦受到破坏，运营中很难恢复。因此，要求衬砌密实、抗渗、抗侵蚀、不产生病害，能够长期、安全地使用。

公路隧道与铁路、水工隧道相比，其使用目的有许多不同之处。公路隧道使用目的和要求更加多样化，范围更广泛。道路行驶车辆有小汽车、大型卡车、民用及军用大型拖车、各种慢速机动车、非机动车等，在隧道内同一孔混合行驶，也有在多孔内多层内分道通过，还有专用隧道等。因此，设计隧道衬砌应与道路等级、交通功能及性质相适应，即与使用目的相适应，设计出相应的衬砌断面。如城市及郊区、高等级公路隧道，就要考虑与内装相结合；设计技术标准要求较高的隧道，其衬砌可靠性和防水性也要求较高等。

当地质条件较好，围岩稳定，地下水很少，有场地，施工单位又有制造、运输和拼装衬砌的设备，对控制开挖和拼装工艺有一定的经验时，可采用拼装衬砌。当采用盾构施工，又考虑二次衬砌时，也宜采用拼装式衬砌，快速形成一次衬砌的强度。在山岭隧道建设中，很少采用拼装式衬砌。

洞口一般较洞身围岩条件差，节理裂隙发育，风化较重，加之隧道埋置浅薄，受地形、地表水、地下水、风化冻裂影响明显，容易形成偏压，甚至受仰坡后围岩纵向推力的影响，围岩容易失去稳定，使衬砌产生病害。故洞口一般采用加强的衬砌形式，包括复合式衬砌，而不采用锚喷衬砌。

（1）整体式衬砌是传统衬砌结构形式，在新奥法（NATM）问世前，广泛地应用于隧道工程中，目前在山岭隧道中还有不少工程事例。该方法不考虑围岩的承载作用，主要通过衬砌的结构刚度抵御地层的变形，承受围岩的压力。

整体式衬砌采用就地整体模筑混凝土衬砌，其方法是在隧道内建立模板、拱架，然后浇灌混凝土而成。它作为一种支护结构，从外部支撑隧道围岩，适用于不同的地质条件，易于按需成形，且适合多种施工方法，因此，在我国隧道工程中得到广泛使用。公路隧道一般跨度较大，内轮廓接近限界的高宽比较铁路双线隧道小，拱部一般较铁路隧道平坦，墙高稍低。为减少拱肩及墙部的拉应力，提高围岩及结构的稳定性，衬砌结构形式宜采用曲墙式衬砌。

Ⅲ级及以上围岩，由于围岩稳定或基本稳定，拱部围岩荷载较小，且往往呈现较小的局部荷载。施工时，临时支撑，尤其是纵横梁一般都能撤走，超挖空间容易回填密实，不易形成偏载，衬砌工作条件较好，故衬砌截面可以采用等截面形式。而Ⅲ级以下围岩与上述情况往往相反，故采用变截面形式为宜。

对Ⅲ级及以上围岩，墙部是稳定的，侧压力较小，故一般地区也可采用直墙式衬砌，便利施工，并可减少墙部开挖量。严寒地区修建隧道，由于地下水随季节温度发生变化，围岩易产生冻胀压力，使侧墙内移或开裂。曲墙式衬砌其抗冻胀能力较强，墙部破坏的情况远小于采用直墙式衬砌的隧道，故严寒地区隧道，不管围岩等级如何，只要有地下水存在，仍应采用曲墙式衬砌。严寒地区隧道衬砌施工特别要强调根据情况设置伸缩缝，防止或减少衬砌因温度降低而收缩，引起衬砌开裂和破坏，造成病害。

Ⅳ级及以下围岩，地基松软，往往侧压力较大，故宜采用曲墙带仰拱的衬砌。设置仰拱不仅是为了满足地基承载力的要求，更重要的是使结构及时封闭，提高结构的整体承载力和侧墙抵抗侧压力的能力，抵御结构的下沉变形，达到调整围岩和衬砌的应力状态的目的，使衬砌处于稳定状态。

内轮廓形状对隧道衬砌轴线形状，受力轴线的合理性、衬砌厚度、施工方法、开挖数量产生直接影响，同时，所采用的通风方式也决定着衬砌的净高大小。隧道衬砌轴线形状还应与围岩压力大小、压力图形与衬砌周边约束条件相适应，力求接近围岩对衬砌作用的压力线。因此，应根据地质条件、围岩压力和施工条件，通过技术经济比较，合理地确定内轮廓形状和尺寸，获得一个既实用且总造价最低、施工又方便的最小净空断面。

为了避免围岩和衬砌的应力集中，造成围岩压力增加和衬砌的局部破坏，应注意衬砌内外轮廓的圆顺，避免急剧弯曲和棱角。

（2）复合式衬砌是目前隧道工程常采用的衬砌形式。其设计施工工艺过程与其相应的衬砌及围岩受力状态均较合理；其质量可靠，能够达到较高的防水要求；也便于采用锚喷、钢支撑等工艺。它既能够充分发挥锚喷支护的优点，又能发挥二次衬砌永久支护的可靠作用。复合式衬砌是由初期支护和二次支护组成的。初期支护是限制围岩在施工期间的变形，达到围岩的暂时稳定；二次支护则是提供结构的安全储备或承受后期围岩压力。因此，初期支护应按主要承载结构设计，二次支护在Ⅲ级及以上围岩时按安全储备设计，在Ⅳ级及以下围岩时按承载（后期围压）结构设计，并均应满足构造要求。

复合衬砌的设计，目前以工程类比为主，理论验算为辅。结合施工，通过测量、监控取得数据，不断修改和完善设计。复合衬砌设计和施工密切相关，应通过量测及时支护，并掌握好围岩和支护的形变和应力状态，以便最大限度发挥由围岩和支护组成的承载结构的自承能力。通过量测，掌握好断面的闭合时间，保证施工期安全。确定恰当的支护标准和合适的二次衬砌时间，达到作用在承载结构上的形变压力最小，且又十分安全和稳定。

Ⅳ级及以下围岩或可能出现偏压时，应设置仰拱。仰拱不仅具有解决基础承载力不够，减少下沉，防止底鼓的隆起变形，调整衬砌应力的作用，还有封闭围岩，预防围岩过大松弛变形，将围岩塑性变形和形变压力控制在允许范围，增加底部和墙部的支护抵抗力，防止内挤而产生剪切破坏的作用。

两层衬砌之间宜采用缓冲、隔离的防水夹层，其目的是：当第一层产生形变及形变压力较大时，仍给予极少量形变的可能，可降低形变压力；而当一次衬砌支护力不够时，可将少量形变压力均匀传到二次衬砌上，并依靠二次衬砌进一步制止继续变形，且不使一次衬砌出现裂缝时，二次衬砌也出现裂缝。由于二层衬砌之间有了隔离层（即防水夹层），则防水效果良好，且可减少二次衬砌混凝土的收缩裂缝。

在确定开挖尺寸时，应预留必要的初期支护变形量，以保证初期支护稳定后，二次衬砌的必要厚度。当围岩呈"塑性"时，变形量是比较大的。由于预先设定的变形量与初期支护稳定后的实际变形量往往有差距，故应经常量测校正，使延续各衬砌段预留变形量更符合围岩及支护变形实际。

（3）锚喷支护作为隧道的永久衬砌，一般考虑是在Ⅲ级及以上围岩中采用。在Ⅳ级及以下围岩中，采用锚喷支护经验不足、可靠性差。按目前的施工水平，可将锚喷支护作为初期支护配合第二次模注混凝土衬砌，形成复合衬砌。在围岩良好完整、稳定的地段，如Ⅱ级及以上，只需采用喷射混凝土衬砌即可，此时喷射混凝土的作用为：局部稳定围岩表层少数已松动的岩块；保护和加固围岩表面，防止风化；与围岩形成表面较平整的整体支承结构，确保营运安全。在层状围岩中，其结构面或产状可能引起不稳定，开挖后表面张裂、岩层沿层面滑移或受挠折断，可能引起坍塌。块状围岩受软弱结构面交叉切割，可能形成不稳定的危石。应加入锚杆支护，通过联结作用、组合原理保护和稳定围岩，并通过喷射混凝土表面封闭和支护的配合，使围岩和锚杆喷射混凝土形成一个稳定的承载结构。锚杆与层面垂直，就能够充分发挥锚杆的锚固作用，有效地增加层面或结构面间压应力和抗滑动摩擦阻力。锚杆应与稳定围岩联结，与没有松动的较完整的稳定的围岩体相联结，锚杆应有足够锚固长度，伸入松动围岩以外或伸入承载环以内一定深度。

当围岩呈块（石）碎（石）状镶嵌结构、稳定性较差时，锚喷混凝土的主要作用原理是整体加固作用。依靠锚杆和钢筋网喷混凝土的支护力和锚杆的联结及本身的抗剪强度，提高围岩承载圈的抗压强度和抗剪强度，达到对围岩的整体加固作用，使围岩和锚喷支护共同成为一个承载结构。当围岩块度较小，围岩的稳定性较差时，围岩内缘及锚杆之间会出现松弛带，要通过钢筋网喷混凝土来保证其稳定性，使其不进一步松弛，甚至坍落，保证承载圈的有效性。而且在支护过程中也可能产生较大的形变和形变压力，因而加强喷层结构，提高其强度和变形能力都是必要的。要加入钢筋网，以提高其抗拉强度和整体强度，减少裂缝，并避免过厚的喷层厚度，且使结构更可靠。

锚喷衬砌的内轮廓线，宜采用曲墙式的断面形式，是为了使开挖时外轮廓线圆顺，尽可能减少围岩中的应力集中，减小围岩内缘的拉应力，尽可能消除围岩对支护的集中荷载，使支护只承受较均匀的形变压力，使喷层支护都处在受压状态而不产生弯矩。锚喷衬砌外轮廓线除考虑锚喷变形量外宜再预留20cm。其理由是：锚喷支护作为永久衬砌，目前在设计和施工方面都经验不足，需要完善的地方还很多，尤其是公路部门，这样的施工实例还不多。锚喷支护作为柔性支护结构，厚度较薄、变形量较大，预留变形量能为以后有可能进行补强和达到应有的补强厚度留有余地。另外，还估计到如锚喷衬砌改变为复合衬砌时，能保证复合衬砌的二次衬砌最小厚度20cm。

采用锚喷衬砌后，内表面会不太平整顺直、美观性差，影响司机在行车中的视觉感观。在高等级道路或城镇及附近的隧道，应根据需要考虑内装，以消除上述缺点外，也便于照明、通风的安装，实现提高洞内照明、防水、通风、视线诱导、减少噪声等的效果。在某些不良地质、大面积涌水地段和特殊地段，不宜采用锚喷衬砌作为永久衬砌。大面积涌水地段，喷射混凝土很难成型，且即使成型，锚杆与围岩的黏结，锚杆的锚固力也极难保证，难以发挥锚喷支护应有的作用。膨胀性围岩和不良地质围岩，如黏土质胶结的砂岩、粉砂岩、泥砂岩、泥岩等软岩，开挖后极易风化、潮解、遇水泥化、软化、膨胀，造成大的围岩压力，稳定性极差，甚至流坍。堆积层、破碎带等不良地质，往往有水，施工时缺乏足够的自稳能力和一定的稳定时间。这样，锚杆无法同膨胀性围岩和有水堆积层、破碎带形成可靠的黏结，喷射混凝土与围岩面也很难形成良好的粘贴。因此，锚喷支护就难以阻止围岩的迅速变形和通过锚喷支护形成可靠稳定的承载圈。

不宜采用锚喷支护作为永久衬砌的情况还包括：对衬砌有特殊要求的隧道或地段，如洞口地段，要求衬砌内轮廓很整齐、平整，辅助坑道或其他隧道与主隧道的连接处及附近地段有很高的防水要求的隧道。还有围岩及覆盖太薄，且其上已有建筑物，不能沉落或拆除者等。地下水有侵蚀性，可能造成喷射混凝土和锚杆材料腐蚀，以及寒冷和严寒地区有冻害的地方等。

第三节　洞门与明洞的构造

一、洞门

（一）概述

洞门是隧道两端的外露部分，也是联系洞内衬砌与洞口外路堑的支护结构，其作用是保证洞口边坡的安全和仰坡的稳定，引离地表流水，减少洞口土石方开挖量。洞门也是标志隧道的建筑物，因此，洞门应与隧道规模、使用特性以及周围建筑物、地形条件等要素相协调。洞门附近的岩（土）体通常都比较破碎松软，易于失稳，形成崩塌。为了保护岩（土）体的稳定和使车辆不受崩塌、落石等威胁，确保行车安全，应该根据实际情况，选择合理的洞门形式。洞门是各类隧道的咽喉，在保障安全的同时，还应适当进行洞门的美化和环境的美化。

山岭隧道常用的洞门形式主要有端墙式、翼墙式和环框式。水底隧道的洞门通常与附属建筑物，如通风站，供、蓄、发电间，管理所等结合在一起修建，城市隧道既可能是山岭隧道，也可能是水底隧道，不过，一般情况下交通量都比较大，对建筑艺术上的要求也较高。道路隧道在照明上有相当高的要求，为了处理好司机在通过隧道时的一系列视觉上的变化，有时考虑在入口一侧设置减光棚等减光构造物,对洞外环境作某些减光处理。这样洞门位置上就不再设置洞门建筑,而是用明洞和减光建筑将衬砌接长,直至减光建筑物的端部,构成新的入口。

洞门还必须具备拦截汇集、排除地表水的功能,使地表水沿排水渠道有序排离洞门,防止地表水沿洞门流入洞内。因此,洞门上方女儿墙应有一定的高度,并有排水沟渠。

当岩(土)体有滚落碎石可能时,一般应接长明洞,减少对仰、边坡的扰动,使洞门墙与仰坡底部有一段距离,确保落石不会滚落到车行道上。

(二)洞门与洞口段

对于隧道洞口设计和施工,必须掌握隧道洞口附近的地形、地下水、气象等自然条件,以及房屋、结构物等社会条件,分析其对坡面稳定、气象灾害、景观调和、车辆运行的影响,从而得到经济、安全、合理的隧道洞门结构、施工方法和洞口养护管理措施等。隧道洞口,包括隧道的洞口段、洞门及其前后一部分线路区间的总体设计。对于每一个特点的隧道,由于所处的地质及线路位置等设计条件不同,所以很难明确表示隧道洞口的范围。但为了设计和研究隧道洞口问题的需要,借鉴已有的工程经验,可以将隧道洞口的范围大致定义,而将隧道施工可能影响的坡面和地表的范围称为洞口段。一般将隧道洞口段定义为洞门向洞内延伸到可能形成承载拱的1~2D(D为隧道开挖宽度)埋深的范围,而且洞口处至少应保证2~3m的覆盖土。隧道洞口段不仅受围岩内部条件支配,而且受地形、地质、周边环境及气象等外部条件支配,因此,它是隧道洞门设计和施工的难点。

1.端墙式洞门

端墙式洞门适用于岩质稳定的Ⅲ级以上围岩和地形开阔的地区,是最常使用的洞门形式。

2.翼墙式洞门

翼墙式洞门适用于地质较差的Ⅳ级以下围岩,以及需要开挖路堑的地方。翼墙式洞门由端墙及翼墙组成。翼墙是为了增加端墙的稳定性而设置的,同时对路堑边坡起支撑作用。其顶面通常与仰坡坡面一致,顶面上一般均设置水沟,将端墙背面排水沟汇集的地表水排至路堑边沟内。

3.环框式洞门

当洞口岩层坚硬、整体性好，节理不发育，且不易风化，路堑开挖后仰坡极为稳定，并且没有较大的排水要求时采用。环框与洞口衬砌用混凝土整体灌筑。当洞口为松软的堆积层时，通常应避免大刷仰、边坡，一般宜采用接长明洞，恢复原地形地貌的办法。此时，仍可采用洞口环框，但环框坡面较平缓，一般与自然地形坡度相一致。环框两翼与翼墙一样能起到保护路堑边坡的作用。环框四周恢复自然植被原状，或重新栽植根系发达的树木等，以使仰、边坡稳定。在引道两侧，如果具备条件可以栽植高大乔木，形成林荫大道，这样的总体绿化，对洞外减光十分有益，也是一个值得推荐的好方法。不过，环框上方及两侧仍应设置排水沟渠，以排除地表水，防止漫流。倾斜的环框还有利于向洞内散射自然光，增加入口段的亮度。

4.遮光棚式洞门

当洞外需要设置遮光棚时，其入口通常外伸很远。遮光构造物有开放式和封闭式之分，前者遮光板之间是透空的，后者则用透光材料将前者透空部分封闭。但由于透光材料上面容易沾染尘垢油污，养护困难，因此，很少使用后者。形状上又有喇叭式与棚式之分。除上述基本形式外，还有一些变化形式，如柱式洞门，在端墙上增加对称的两个立柱，不但雄伟壮观，而且对端墙局部加固，增加洞门的稳定性。此种形式一般适用于城镇、乡村、风景区附近的隧道。为适应山坡地形，在沿线傍山隧道半路堑情况下常采用台阶式洞门，将端墙做成台阶式。

（三）隧道洞门构造

洞口仰坡坡脚至洞门墙背应有不小于1.5m的水平距离，以防仰坡土石掉落到路面上，危及安全。洞门端墙与仰坡之间水沟的沟底与衬砌拱顶外缘的高度不应小于1.0m，以免落石破坏拱圈。洞门墙顶应高出仰坡脚0.5m以上，以防水流溢出墙顶，也可防止掉落土石弹出。水沟底下填土应夯实，否则会使水沟变形，发生漏水，影响衬砌强度。洞门墙应根据情况设置伸缩缝、沉降缝和泄水孔，以防止洞门变形。洞门墙的厚度可通过计算或结合其他工程类比确定，但墙身厚度最小不得小于0.5m。

洞门墙基础必须置于稳固地基上，这是因为通常洞口位置的地形、地质条件比较复杂，有的全为松散堆积覆盖层，有的半软半硬，有的地面倾斜陡峻，为了保证建筑物稳固，应视地形及地质条件，将洞门墙基础埋置足够的深度。基底埋入土质地基的深度不应小于1m，嵌入岩石地基的深度不应小于0.5m。当基础设置在岩石上时，应清除表面强风化层。当风化层较厚、难以全部清除时，可根据地基的风化程度及其相应的容许承载力，将基底埋在风化层中。斜坡岩基应挖台阶，以防墙体滑动，岩基的废渣均应清除干净，这样才能确保洞门稳定。在松软地基上，地基强度偏小时，可根据情况采取扩大基础、换土、桩基、压浆加固地基等措施。

地基为冻胀土层时，冻结时土壤隆起、膨胀力大，而解冻时由于水融作用，土壤变软后沉陷，建筑物相应下沉，产生衬砌变形。根据公路工程一般设置基础的经验，要求基底设在冻结线以下不小于0.25m（所指的冻结线为当地最大的冻结深度）。如果冻结线较深，施工有困难，可采取非冻结性的砂石材料换填，也可设置桩基等办法。不冻胀土层中的地基，例如岩石、卵石、砾石、砂等，埋置深度可不受冻结深度的限制。

二、明洞

当隧道埋深较浅、上覆岩（土）体较薄、难采用暗挖法时，则应采用明挖法来开挖隧道。用这种明挖法修筑的隧道结构，通常称明洞。明洞具有地面、地下建筑物的双重特点，既作为地面建筑物用以抵御边坡仰坡的坍方落石、滑坡、泥石流等病害，又作为地下建筑物用于在深路堑、浅埋地段不适宜暗挖隧道时，取代隧道。另外，它还可以利用在与公路、灌溉渠立交处，以减少建筑物之间的干扰。明洞净空必须满足隧道建筑限界要求，洞门一般做成直立端墙式洞门。明洞的结构形式应根据地形、地质、经济、运营安全及施工难易等条件进行选择，采用最多的是拱形明洞和棚式明洞。

（一）拱形明洞

隧道进出口两端的接长明洞或在路堑边坡不稳定地段修建的独立明洞等，多采用拱形明洞的形式。拱形明洞整体性好，能承受较大的垂直压力和侧压力。其形式有以下4种：

1.路堑对称型

适用于洞顶地面平缓，路堑两侧地质条件基本相同，原山坡有少量坍塌、落石以及隧道洞口岩层破碎，洞顶覆盖较薄，难以暗挖法修建隧道的地段。

2.路堑偏压型

适用于两侧山坡高差较大的路堑，高侧边坡有坍塌，落石或泥石流。低侧边坡明洞墙顶以下部分为挖方，且能满足外侧边墙嵌入基岩要求的地段。

3.半路堑偏压型

适用于半路堑靠山侧边坡较高，有坍塌、落石或泥石流等不良地质现象，而外侧地面较为宽敞和稳定，上部填土坡面线能与地面相交以平衡山侧压力的地段。

4.半路堑单压型

适用于靠山侧边坡或原山坡有坍塌、落石等情况，外侧地形陡峻无法填土地段。拱形明洞的边墙，一般采用直墙。当半路堑型单压明洞外墙尺寸较厚（可达3～5m）时，为节省圬工量，通常在浆砌片石的外墙上每隔3～4m开设孔洞一个。采用偏压拱形明洞时，要特别注意处理好外墙基础，以防止因外墙下沉而引起拱圈开裂。故外墙必须设置于稳固地基上，如有困难，则可用桩基（或加深基础）及加固地基等方法进行处理。

（二）棚式明洞

当山坡坍方、落石数量较少、山体侧压力不大，或因受地质、地形条件的限制，难以修建拱形明洞时，可采用棚式明洞。棚式明洞顶板为梁式结构。内侧边墙一般采用重力式挡墙，当岩层完整、山体坡面较陡采用重力式挡墙开挖量较大时，也可采用钢筋混凝土锚杆挡墙。但在地下水发育地段不宜采用。棚式明洞的类型主要取决于外侧边墙的结构形式。通常有墙式、刚架式、柱式和悬臂式（不修建外墙时）等棚式明洞之分。

1.墙式棚洞（墙式棚式明洞）

适用于边坡存在坍塌、落石的地段，横向断面类似桥跨结构，内墙除起挡墙作用外，还承受顶板下传垂直荷载，外墙只承受顶板下传垂直荷载。

2.刚架式棚洞

当边坡出现少量落石，或在连接两座隧道间需建明洞时，为改善隧道通风条件而被采用。外墙结构为连续框架，因此，对地基承载力要求较高。

3.柱式棚洞

适用于少量落石，地基承载力高或基岩埋藏浅的地段。外墙采用独立柱和纵梁方式，结构简单，预制吊装方便，但整体稳定性较差。

4.悬臂式棚洞

当山坡较陡、坡面有少量落石、且外侧地基不良或不宜设基础时，可采用悬臂式棚洞。根据山侧岩层的具体条件，内侧可选用重力式边墙或锚杆挡墙等形式。由于悬臂式棚洞结构不对称、抗震性能差、施工要求较高，选用时应慎重。

（三）明洞基础

明洞基础应置于稳固的地基上。当基岩埋深较浅时，基础可设置于基岩上；当基础位于软弱地基上时，基础可采用仰拱，整体式钢筋混凝土底板等结构。外墙基础趾部，应有一定的嵌入深度并应设在冻结线以下0.25m，且保证一定的护基宽度。明洞基础应遵守隧道衬砌基础的有关规定。当两侧边墙地基软硬不均时，应采取措施加以处理，以免引起过大的沉降和不均匀沉陷，使明洞结构产生裂缝或破坏。可采取下述措施：基岩不深时可加深基础，设置于基岩上；采用钢筋混凝土或混凝土仰拱；采用钢筋混凝土底板，修筑整体式基础；亦可采用桩基或加固地层等措施。

当地基为完整坚固的岩体时，基础可切割成台阶。台阶平均坡度不陡于1∶0.5；坡度线与水平线的夹角不得大于岩层的内摩擦角；台阶宽度不小于0.50m，最低一层基础台阶宽度不小于2m。当基础外侧受水流冲刷影响时，为了使基础外侧护基部分岩土稳定或为免受河岸冲刷的影响，应另采取挡墙、护岸、边坡加固等防护、防冲刷措施。明洞外边墙、棚洞立柱基础埋置在路面3m以下时（一般是指半路堑单压式明洞的外侧边墙及立柱），应在路基处设置钢筋混凝土横向水平拉杆或锚杆，或给立柱加设横撑和纵撑，以减小墙底转角，改善结构受力条件，增加墙柱约束，减小其长细比的影响，以确保结构的整体性、外侧边墙及立柱的整体及局部稳定性。

（四）明洞填土

明洞顶设计填土厚度，应根据山坡病害的情况，预计明洞顶可能出现的坍塌量及将来明洞所要起的作用来确定。

当边坡有病害，未来可能发生较大的坍塌，而该隧道又处于地震烈度8度以上地区，地震时增加了坍塌的数量，应酌情增加填土厚度，如洞顶设计填土厚度可采用2.50~3.0m，设计填土坡度可为1∶3~1∶2，实际填土坡可为1∶3~1∶5。当洞顶填土主要是为了支挡边坡的滑坍和为了防护山坡可能发生的大量坍方、泥石流时，则应将边坡的稳定情况、边坡的刷坡情况结合设计回填坡度，综合分析确定回填厚度，确保边坡和明洞的稳定与安全。一般设计回填坡度为1∶3~1∶1.5，实际填土坡度为1∶5~1∶3。

当明洞是为保护洞口自然环境，则应将明洞完全伸出自然山坡坡面，以不破坏自然地面及其景观为原则。开挖部分回填至原自然地面坡度，必要时可在其上采取植保。明洞应重视拱背和墙背的回填，其中重视拱背的回填是为了保护拱背及拱脚、增强拱脚的固结、增加其稳定性，起加强的作用。墙背回填质量的好坏，直接影响墙背岩土的稳定、侧压力的大小，以及墙背抗力的大小。实际采用回填措施时，应根据明洞类型、山坡岩土类别、设计要求、施工方法确定。一般Ⅱ、Ⅲ、Ⅳ级围岩其回填要求用片石混凝土或浆砌片石回填密实，并与围岩面接合良好。对Ⅴ级及Ⅵ级围岩，墙背回填料的内摩擦角也应高于围岩的内摩擦角，如浆砌片石、干砌片石回填。

计算明洞墙背围岩主动土压力时，是按围岩计算摩擦角的，因此，墙背回填料的内摩擦角应不低于围岩的摩擦角，不然，实际墙背的侧压力较计算的要大。另一意义是，较好的围岩与衬砌之间有低摩擦角的回填"软弱夹层"，陡然增加土压力和减小弹性抗力，技术、经济效益方面都不适宜。因此，要提高回填的质量。另外，墙背回填料的内摩擦角，应不低于设计回填料计算的摩擦角，表示设计、施工措施应符合（或高于）设计要求，使之可靠。否则，墙背侧压力将比设计侧压力大，影响结构安全。

第四节　隧道附属建筑

一、铁路隧道附属建筑

（一）避车洞

当列车通过隧道时，为了保证洞内行人、维修人员及维修设备的安全，在隧道两侧边墙上交错均匀地修建了洞室，用于躲避列车，故称之为避车洞。根据避车洞室的大小，避车洞可分为大避车洞和小避车洞两种。

1.避车洞的布置

（1）大避车洞的布置：在碎石道床的隧道内，每侧相隔300m布置一个大避车洞；在整体道床的隧道内，因人员躲避列车较方便，且线路维修工作量较小，故每侧相隔420m布置一个大避车洞。当隧道长度为300～400m时，可在隧道中间布置一个大避车洞；隧道长度在300 m以下时，可不布置大避车洞；如果两端洞口接桥或路堑，当桥上无避车台或路堑两边侧沟外无平台时，应与隧道一并考虑布置大避车洞。

（2）小避车洞的布置：无论是碎石道床还是整体道床，在单线隧道内每侧边墙应间隔60m、双线隧道每侧边墙间隔30m布置一个小避车洞。布置时应结合大避车洞一起考虑，有大避车洞的地点就不需再设置小避车洞。同时，还应注意不得将避车洞设于衬砌断面变化处、不同衬砌类型衔接处和变形缝处。如隧道邻近有农村市镇，估计由隧道通行的人较多，或隧道曲线半径小、视距较短时，小避车洞还可适当加密布置。

（3）避车洞底部标高：当避车洞位于直线上且隧道内有人行道时，为便于维修小车和行人躲入，避车洞底面应与人行道顶面平齐；无人行道时，避车洞的底面应与道砟顶面（或侧沟盖板顶面）平齐，采用整体道床时，则应与道床面平齐。

2.避车洞的净空大小及衬砌类型

大、小避车洞的形状及基本尺寸：大避车洞的净空尺寸为4.0m（宽）×2.5m（深）×2.8m（中心高），小避车洞的净空尺寸为2.0m（宽）×1.0m（深）×2.2m（中心高）。

（二）电力及通信设施

1.电缆槽

穿越隧道的各种电缆，如照明、通信、信号以及电力等电缆，必须有一定的保护措施，即需设置电缆槽来防止潮湿、腐烂以及人为的破坏。电缆槽用混凝土浇筑而成，可紧靠水沟并行设置，且位于轨道一侧，或设置在水沟的异侧（当为单侧水沟时）。槽内铺以细沙作为垫层；对于低压电缆，可直接放在垫层面上；对于高压电缆，则可吊在槽边预埋的托架上。槽顶设有盖板防护，盖板顶面应与避车洞底面或道床顶面平齐。当电缆槽与水沟同侧并行时，应与水沟盖板平齐。通信、信号电缆可设在一个电缆槽内，也可以分设，但必须和电力电缆分槽设置。电缆槽在转折处应以半径不小于1.2m的曲线连接，以免电缆弯曲折断。当隧道长度大于500m时，需在设有电缆槽的同侧大避车洞内设置余长电缆槽，设置方式为：隧道长度为500~1000m时，在隧道中间设置一处；1000m以上的隧道，则每隔500m设置一处。

2.信号继电器箱洞和无人增音站洞

隧道内如需设置信号继电器，则应在电缆槽同侧设置信号继电器箱洞，其宽度和深度均为2m，中心宽度为2.2m。根据电信传输衰耗和通信设计要求，在隧道内设置无人增音站洞时，其位置可根据通信要求确定，无人增音站洞也可与大避车洞结合使用。如不能结合时，则另行修建，其尺寸同大避车洞。电力牵引的长隧道，如需设置存放维修接触网的绝缘梯车洞时，宜利用施工辅助坑道或避车洞修建，其间距约为500m。

（三）运营通风设施

列车通过隧道时会排出大量的有害气体，还会散发出许多热量。此外，衬砌缝隙也会不时渗透出某些天然地下有害气体和潮湿气体，再加上维修人员在工作时不断呼出CO_2气体，这些有害气体和热量会使隧道内的空气变得污浊、炽热和潮湿，时间一长，其浓度变大，就会使人呼吸困难，健康受到威胁，工作效率也随之降低，洞内线路也易被腐蚀。为此，必须进行洞内通风，将有害气体及热量等排出洞外，并把新鲜空气引入洞内。

运营隧道的通风有自然通风和机械通风两种。

1.自然通风

利用洞内的自然风流和列车运行所引起的活塞风来达到通风的目的，因而是一种简单而又节约能源的通风方式，在选择通风方式时应优先考虑，但如存在以下不利情况时，则效果不佳。

（1）隧道两洞口的高差较小，总的热压差不足，不能形成有效风速、风压。

（2）隧道双向行车，从而使活塞风效应受到影响。自然风流是由隧道两个洞口的大气条件（气压、温度、风速等）和高差的压头差值引起的，这些因素很复杂，因此，自然风流的变化是复杂而不稳定的。目前还没有可靠的计算自然通风量的一般算式，因而希望通过计算来精确地给出隧道自然通风的最大容许长度还不可行，故在实际应用中仍然以从实践中总结的规律为准，即凡不需设置机械通风的隧道均为自然通风。

2.机械通风

机械通风是当自然通风不能满足要求时，采用通风机械使洞内外气体进行交换来达到通风目的。

（1）内燃机车牵引的单线隧道，长度在2km以上的宜设置机械通风。

（2）电力机车牵引的单线隧道，长度在8km以上的宜设置机械通风。若行车密度较低、自然风条件较好时，可适当加长宜设置机械通风的隧道理论长度。

（3）双线隧道应根据行车密度、自然条件等具体情况，选定设置机械通风的隧道长度和通风方式。对于内燃机车牵引的双线隧道，当隧道长度L（km）×行车密度N（对/d）不小于100时，应设置机械通风。

铁路隧道一般采用纵向式通风。这是一种在通风机的作用下使风流沿着隧道全长方向流动的通风方式，按具体通风形式叫作洞口风道式通风。这种通风方式是把通风机设置在隧道高洞口端处，通风道与隧道连通。当列车车尾一出洞口，立即开动通风机（抽风），把已被活塞风挤到出洞口段的污浊空气排出洞外。与此同时，洞外的新鲜空气由低洞口端随着风流进入隧道内，从而完成一次通风作业。

为防止通风机工作时新鲜空气从高洞口端吸进隧道造成空气短路,从而降低通风效果,需在高洞口端设置一个由钢或钢木结构组成的框架式帘幕。其将轨顶电路与信号系统进行连锁:当列车驶向隧道时,帘幕自动提起;当列车通过后,帘幕即自动落下。

此外,还可采用缩小风道口断面、减小吹入风流与隧道中线的夹角、提高吹入风速等办法来取代帘幕,下述喷嘴式通风就是这样一种方式。对于列车运行密度大且不太长的隧道,可采用环形风嘴式通风方式。它是在隧道洞门处的衬砌上方设计一个汇集新鲜空气的气室,气室尽端在衬砌周边做成环形喷嘴通向洞内。开动通风机后,洞外的新鲜空气被压送到气室,当积聚到一定压力时,由喷嘴以高速和极小的交角喷进隧道内,形成稳定风流。洞口段可不做帘幕,新鲜空气不会从洞口溢出,反而会由于高速风流引起的负压带进一些新鲜空气。但这种通风形式结构复杂,施工工艺要求高,维修不方便,且能量大部分损失在克服喷嘴的阻力及喷入隧道时空气的非弹性冲击上(动能转变为热能),因而设备效率不高。

经研究分析,机械通风所需动力与隧道长度的立方成正比,所以隧道通风长度越长就越不经济。因此,长大隧道往往需要专门设置竖井来对隧道进行分段通风,另外,当长大隧道的纵坡为人字坡时,污浊空气常积聚在坡顶。若在隧道施工中为增加开挖工作面设置了竖井或斜井作为辅助坑道,则可利用它们作为运营中的通风道,把通风机置于竖井或斜井的顶部,借助通风机和竖井的换气作用,可以产生很好的通风效果。射流风机均为轴流风机,因为采用的风机出口风速较大(达30m/s左右),对隧道内的空气纵向流动起到了引射作用,故称之为射流风机。射流风机的特点是体积小、风力大、风向可逆、设备费用少,但噪声大。

二、公路隧道附属建筑

铁路隧道的运营管理主要体现在机械通风管理和火灾防灾方面。相比之下,公路隧道的运营管理更复杂一些。公路隧道的运营管理包括两个方面:一是严格按照交通法规进行管理,减少在隧道内发生灾害的机会,在国家交通管理条例的指导下,还可制定针对该隧道自身特点的管理条例;二是必须保证一旦在洞内发生事故,司机或当事人能够立即报警请求援助,并有条件进行自救,以减轻灾害程度，这就要求必须在隧道内设置相应的附属设施，并保证这些设施随时都能正常使用。附属设施是硬件，管理法规是软件，只有硬件与软件都抓好了，才能保证隧道的畅通无阻。根据隧道重要程度的不同，公路隧道管理设施的设置标准可以有很大的差异。

（一）安全管理设施

1.交通监控系统

隧道是一种长而狭窄且隐蔽的特殊交通通道，发生事故后不易被管理部门发现，从而会延误处理，导致交通干道的阻塞。虽然前面已介绍了报警系统等安全设备，但那都是在发生了事故之后才报警，如果能及时发现隧道内交通事故的苗头，提前将事故消弭于无形，才是最好的办法。公路隧道的交通监控系统就是这样一种行之有效的系统，在国外已经广泛应用于高速公路隧道的管理之中，在我国的应用也逐渐增多。

由于它采用电视监控，具有身临其境的特点，交通管理人员可以根据车辆的不正常行驶状况迅速采取必要的措施，这就为防止事故的发生创造了条件争取了时间。此外，一旦发生事故，其还可配合录像进行事故分析，为处理肇事者提供有力的证据。监控系统是一个特定的有线闭路电视系统，它的基本组成有：摄像机、信号传输电缆（或光缆）、视频信号处理器、监视器等。隧道中的摄像机应设在通视性良好的地方，一般挂在车行道的上方，也可设在检修道上方的角隅处。设置间距取决于摄像机的性能，以在监视器上观看不费力为宜，一般为200～300m。

2.交通信号系统

隧道交通信号控制是整个道路交通信号控制的重要组成部分，属于干线道路控制类型，目的是在隧道内为安全行车提供通行权。交通信号系统主要由交通信号的设置来实现。隧道内交通信号的设置方式可分为三种，即对向交通信号、单向交通信号、可变向交通信号（可按需要改变行车流向的交通信号）。

3.按钮式通报设施

当隧道内发生交通事故或火灾时，事故现场人员可以使用按钮式通报设施迅速向隧道管理所报警。它由按钮式开关和指示灯组成，沿隧道边墙每隔15m设置一个。当用手按时，管理所内的指示灯就会闪亮报警。其设置高度为在路面标高以上1.2~1.5m。如洞内设有人行道，则设置位置应在行人平均肩高0.1m以上，以免行人阻挡视线，但以不超过1.8m为宜，否则个子较矮的人不方便揭掉按钮保护板。考虑到事故常引起火灾，因此，应该让报警者在报警的同时能取到灭火器，故报警按钮最好与灭火器设置在一起。

4.应急电话

应急电话属于通报设施的范畴，可供隧道内发生交通事故时的当事人与隧道管理所直接对话。这种电话必须是专线，取下不需拨号即可通话。由于隧道内的行车噪声级一般在80dB左右，当噪声超过65dB时，就很难听清电话，所以在线路中应有增声设施。为了方便当事人迅速找到电话，应在电话处设置指示灯，在设置电话机的墙面上每隔25m设一个标志牌，其高度在1.5m左右，指示应急电话的方向和距离。应急电话的目的主要是报告交通事故，因交通事故后果的严重性远不及火灾，故其设置间距可以大于按钮式通报设施的间距，太密了不经济，可每隔200m设置一台。

5.紧急警报设施

紧急警报设施由警报显示板、警报色灯或音响警报器及操作控制系统组成，安装在两端洞口和隧道内，每隔500m设置一个。当洞内发生事故时，可用其通知后续车辆或对向车辆不要开往洞内，以便进行事故处理，减轻事故影响程度。它们可以与通报设施联网，也可以不联网，但必须先通报，即只有在管理所接到通报设施的通报以后，才能开始紧急警报工作。

6.灭火设施

除了信息报警系统外，在隧道内还必须设置消防系统，力求发生火灾后能在最短的时间内开始灭火，将损失降至最低。灭火设施基本上由化学灭火器和消火栓组成，置于衬砌边墙上。灭火器分为固定式和移动式两类，其中移动式又可分为车载式、手提式。灭火方法可分为常规方法和自动灭火系统两种。常规方法是指人工灭火，由消防人员操作。自动灭火系统包括火灾自动报警系统和消防联动控制系统，灭火及时、有效，但造价很高，维护保养费用也高。也可以采用混合方式，即由火灾自动报警系统报警，以提高火灾监测能力，然后进行人工灭火。灭火设施主要包括灭火器、消火栓、泡沫自动喷淋灭火系统、供水系统等。

7.火灾探测器与火警自动报警控制器

火灾探测器能探测到燃烧时的烟、热和光，并将其转换成电信号传递给火警自动报警控制器,发出火灾警报。

(二)紧急避难设施

当隧道中行驶的车辆发生故障时应及时离开干道进行避让,以免发生交通事故。紧急停车带就是专供紧急停车而使用的停车位置。尤其在长大隧道中,故障车必须尽快离开干道,否则必然引起交通阻塞,甚至导致交通事故。因此,高速公路、一级公路的特长和长隧道,应根据需要设置紧急停车带。为使车辆能在发生火灾时避难和退避,对于10km以上的特长隧道还宜考虑设置方向转换场地(或称为回车道设施)。

紧急停车带的间距主要根据故障车可能滑行的距离和人力可能推动的距离而定,一般很难断言其距离的大小,如小轿车较卡车的滑行距离长,人力推动也较省力。下坡较上坡时滑行的距离长,推动时也较省力。依据经验,隧道内紧急停车带的间距一般可取500~800m。

(三)运营通风设施

公路隧道对运营通风的要求较高,可供选择的通风方式也较多,选择时主要考虑的因素是隧道的长度和交通流量。此外,还应适当考虑当地气象、环境、地形等条件。在充分考虑了各种条件之后,才可能定出既有效又经济的通风方式。

合理的通风方式应具有安全可靠性高、建设安装方便、投资小隧道风环境好、对灾害的适应能力强、运营管理方便、运营费用低的特点。由于每种通风方式的优点、缺点各不相同,故一种通风方式不可能完全满足这些要求。在实际选择通风方式时,应该根据隧道设计标准,考虑上述诸多因素进行综合比较来确定。需要指出的是,同一座隧道往往可以有多种可供选择的通风方式,而一种通风方式也会有多重布置方案。因此,所谓的合理通风方式,实际上是在给定的设计标准和确定的条件下,尽可能做到既安全可靠又经济方便。

要选择出一种合理的隧道通风方式,应该注意以下4方面。

(1)熟悉和掌握各种通风方式的特点。

(2)熟悉隧道设计标准、隧道所处环境及各种条件的特殊性,不遗漏任何有价值的方案。

(3)应该把建设投资和运营费用分别进行比较,并进行动态分析。

（4）应分清主次，对所有可能的方案从技术、经济、运营安全及对周边环境的影响诸方面进行全面综合比较，最终确定一种合理的通风方式。

（四）其他及救援设施

1.紧急闸门

在隧道两端洞口、洞内行人通道的中间、行车通道的中间应考虑设置金属闸门，在发生火灾并及时疏散人群之后予以关闭，以隔断火源，减少损失。

2.紧急电源

在规划隧道供电时，必须考虑公用电源突然停电的异常情况。为维持隧道内交通的正常运行，应当为隧道配备紧急电源。

3.内装

与铁路隧道不同，在公路隧道中为了增强照明效果、协调环境，需要在衬砌壁上作内装饰，颜色以淡黄和浅绿为宜，以使人看了感到愉悦，从而有利于行车安全。如果没有内装，则衬砌壁面上很容易吸附汽车发动机排放废气中的黏稠油物质，而灰尘就容易沾在上面，从而污染隧道，因而这也是运营管理的一项内容。内装材料一般采用瓷砖等表面光洁、耐腐蚀、耐水的材料，但要注意不要用有镜面反射效果的材料，因其会在一定反射角度时直射刺激司机的眼睛，从而不利于行车。内装高度限于边墙，而拱圈一般需涂厚10mm左右的防火材料。

4.消声设施

高速公路和一级公路的隧道宜采用消声设施，隧道长度为300～500m时可只敷设洞口段消声设施。由于隧道内的混音持续时间较长，在交通流量大时，噪声会长时间地维持在隧道内，需要将噪声控制在可以用紧急电话与管理处通话的程度，最好是在65dB以下，不应大于80dB。采用的吸声材料应与内装一起考虑。安装的侧壁吸声板一般高3～4m，顶板吸声板一般宽5～8m。敷设长度为：洞口两端各40～60m，洞内每隔40～60m敷设长40～60m，并在适当地段安装噪声检测器。

第五章　桥梁隧道施工方法

第一节　隧道施工方法概述

一、施工方法分类

随着工程实践的不断丰富和理论的发展完善，尤其是近年来在不良地质条件下的隧道工程修建中取得了许多宝贵经验，隧道施工技术得到了长足的发展和进步。目前隧道施工方法种类繁多，较好地适应了当前隧道工程建设发展的需要。

隧道工程施工方法根据技术原理和开挖方式，大体上可以分为明挖法和暗挖法两大类。明挖法是先开挖地表面，再修建隧道衬砌结构，然后回填土石、恢复地面的隧道施工方法；暗挖法通常是指隧道的开挖和支护等施工作业全部在地下进行的施工方法。再进一步细分，明挖法包括放坡开挖法、支挡开挖法、盖挖法、沉管法等施工方法，暗挖法包括传统矿山法、新奥法、浅埋暗挖法、新意法等钻爆施工方法，以及盾构法、掘进机法（也称TBM法，Tunnel Boring Machine）、顶进法（以顶管法为主）等机械开挖施工方法。

依据隧道开挖面的开挖方式对隧道施工方法进行合理分类，主要是将盾构法、掘进机法、顶进法等利用全断面掘进机械进行非钻爆开挖的方法划为机械开挖法，与采用钻眼、爆破方式开挖为主的各类钻爆施工方法进行了区分。

二、施工方法选择

隧道施工属地下作业，其特点与地面作业相比有较大的区别：隧道内部工作面狭小，机具集中，光线不足，噪声大，施工中不安全因素多，所以隧道施工要特别强调安全，要有严格的安全生产制度和完备的安全设施；隧道修建一经完成，修复和改建都比较困难，因此，施工要求高质高标准；隧道开挖和围岩的变形具有一定的规律，开挖面长时间的暴露会直接影响其自身的稳定，合理的衬砌设置时机尤为重要。因此，隧道施工方法选择是否正确，直接影响工程造价高低，工期长短，甚至工程的成败。基于目前业界对隧道工程的认识，隧道施工方法的选择主要需要考虑具体项目的地质条件，同时也应考虑隧道断面尺寸、跨度大小、隧道长度及辅助坑道设置，以及地形地貌、环境条件、埋深、安全、投资、施工进度等因素，进行经济技术比较以后综合确定。以下根据隧道所处位置的类型，对各类隧道的特点及常用施工方法的选择进行简述。

（1）山岭隧道埋深大，工程地质和水文地质情况较为复杂，多采用适应性较强的钻爆法进行施工，在地层中硬岩占比大时也可采用TBM法。其中新奥法是已被工程实践证实了的先进的隧道修筑方法，其设计与施工理论较为完善，被国内外普遍采用，我国在推广应用新奥法方面也积累了不少经验。近年来，正在发展的新意法也开始在我国隧道中得到一定的应用。在一些北欧国家，挪威法在山岭隧道中也应用较多。

（2）城市隧道施工受到地面建筑物、城市交通、水文地质、环境保护、施工机具以及资金条件等因素的影响较大，因此，所采用的施工方法也不尽相同。一般来说，城市隧道埋深小，对周围沉降要求高，施工场地有限，国内目前常用盾构法来进行修筑施工，即利用盾构机这种大型机械在地面以下暗挖隧道。盾构法掘进速度快、施工劳动强度低、沉降控制好且不影响地面交通与设施。由于城市环境条件多样化且通常较为复杂，根据具体工程项目各项条件的比选，支撑开挖法或盖挖法乃至浅埋暗挖法也经常被城市隧道施工采用。而对一些小直径的市政管线和电力电缆隧道或城市综合管廊，在下穿一些交通干道时，为避免中断交通，也可采用顶进法（以顶管法为主）进行施工。当施工场地开阔且周边环境对沉降位移要求不高时，也可放坡开挖或局部放坡开挖。

（3）水底隧道不同于陆地隧道，施工部位大多位于水下，通常覆盖层厚度小，且承受土压的同时还要承受高水压、克服涌水等关键问题，因此，施工方法上宜选择盾构法（及TBM法）、沉管法以及钻爆法，其中以盾构法居多。在一定条件下，沉管法隧道覆土浅、线路短，照明和通风代价较小，工程和运营费用低，使用效果好。

第二节 钻爆法技术原理

钻爆法是目前国内外应用最为广泛的一种隧道施工方法，它是通过钻孔、装药、爆破开挖岩石的隧道施工方法。这一方法已经从早期人工手把钎、锤击凿孔，用火雷管逐个引爆单个药包，发展到用凿岩台车或多臂钻车钻孔，应用毫秒爆破、预裂爆破及光面爆破等控制爆破新技术，而且目前还在不断发展完善中。根据对围岩认知的不同，钻爆法主要包括传统矿山法、新奥法、新意法和挪威法，以及在新奥法基础上发展起来的浅埋暗挖法等。

一、传统矿山法

（一）矿山法概述

传统意义上的矿山法（Mine Tunnelling Method，简称MTM）因最早应用于采矿坑道而得名，也是我国早期隧道施工的常用方法。这种方法是指用凿眼爆破的方法开挖断面、采用木或钢构件作为临时支撑，待隧道开挖成形以后，逐步将临时支撑撤换下来，而代之以整体式衬砌作为永久性支护的施工方法。

传统矿山法的基本原理是：认为隧道开挖后受爆破影响，造成岩体破裂形成松弛状态，随时都有可能坍落，形成作用于隧道衬砌结构上的荷载。基于这种松弛荷载理论，传统矿山法支护理念认为围岩是荷载的来源，所有的荷载均作用于支护结构上。通常以木或钢构件作为临时支撑边，待隧道开挖成型后，逐步将临时支撑撤换下来，而代之以整体式混凝土厚衬砌作为永久性支护（早期为青砖、石料和混凝土预制块）。钢木构件支撑类似于地上的荷载—结构力学体系，作为一种维持坑道稳定的措施，是很直观和奏效的，也容易被施工人员理解和掌握，因此，这种施工方法仍然被广泛地应用于我国隧道（主要是铁路隧道）的修建中。

（二）优缺点

矿山法将围岩与单层衬砌之间的关系等同于地上工程的"荷载（围岩）—结构（衬砌）"力学体系。它作为一种维持坑道稳定的措施，是很直观和奏效的，也容易被施工人员理解和掌握。

因此，直至现在，这种方法还常被应用于不便采用锚喷支护的隧道中或处理塌方等。传统矿山法的一些施工原则也得以继承和发展。曾经使用过的"插板法"和现在经常使用的"超前管棚法"及"顶管法"，可以说是传统矿山法改进和松弛荷载理论发展的极致。

但由于衬砌的实际工作状态很难与设计工作状态达成一致，以及存在临时支撑难以撤换等一些问题，在一定程度上限制了它的发展和应用。

（三）矿山法施工的原则

矿山法施工的基本原则可以归纳为"少扰动、早支撑、慎撤换、快衬砌"。

少扰动，是指在进行隧道开挖时，要尽量减少对围岩的扰动次数、扰动强度、扰动范围和扰动持续时间，这与新奥法施工的要求是一致的。采用钢支撑，可以增大一次开挖断面跨度，减少分布次数，从而减少对围岩的扰动次数。

早支撑，是指开挖后应及时设置临时构件支撑，使围岩不致因变形松弛过度而产生坍塌失稳，并承受围岩松弛变形产生的压力，即早期松弛荷载。定期检查支撑的工作状况，若发现变形严重或出现损坏征兆，应及时增设支撑予以加强。作用在临时支撑的结构设计亦采用类似于永久衬砌的设计方法，即结构力学方法。

慎撤换，是指拆除临时支撑而代之以永久性模筑混凝土衬砌时要慎重，即要防止撤换过程中围岩坍塌失稳。每次撤换的范围、顺序和时间要视围岩稳定性及支撑的受力状况而定。若预计到不能拆除，则应在确定开挖断面大小及选择支撑材料时就予以研究解决。使用钢支撑作为临时支撑，则可以避免拆除支撑的麻烦和危险。

快衬砌，是指拆除临时支撑后要及时修筑永久性混凝土衬砌，并使之尽早承载参与工作。若采用的是钢支撑，又不必拆除，或无临时支撑时，亦应尽早施作永久性混凝土衬砌。

二、新奥法

新奥法（New Austrian Tunnelling Method，NATM）是"新奥地利隧道修建方法"的简称，是由奥地利土木工程师拉布西维兹（L.V.RABCEWICZ）在总结隧道建造实践经验的基础上创立的，经过一些国家的工程实践和理论研究，取得专利权并正式命名。新奥法是以隧道工程经验和岩体力学的理论为基础，将锚杆和喷射混凝土组合在一起作为主要支护手段，并通过对围岩的监控量测指导设计与施工，控制围岩变形，使围岩成为支护体系的一部分，以便充分发挥围岩的自承能力，保持围岩稳定的一种隧道修建方法。

（一）基本原理

新奥法的基本观点是根据岩体力学理论，着眼于洞室开挖后形成塑性区的二次应力重分布，而不拘泥于传统的荷载观念，所以它主要不是建立在传统矿山法对坍落拱的"支撑概念"上，而是建立在对围岩的"加固概念"基础上，两者的本质区别是工程理念和认识的不同。新奥法的出现，也标志着隧道工程理论步入了现代理论的新领域。新奥法的基本原理可概括为：充分利用围岩的自承能力和开挖面的空间约束作用，采用以锚杆和喷射混凝土为主要支护手段，及时对围岩进行加固，约束围岩的松弛和变形，并通过对围岩和支护结构的监控、测量来指导地下工程的设计与施工。

新奥法以光面爆破、喷锚支护和监控量测为三大要素，其核心思想是充分发挥围岩的自承载作用。围岩是承载的主体，而初期支护和二次衬砌的目的是保证和调动围岩的强度，帮助围岩实现自承，使隧道尽快形成一个能自承的土壤或岩石承载环，从而形成一个长期稳定的洞室。

（二）技术特点

在隧道开挖初期的应力调整过程中，围岩变形量大、速度快，为适应这一特点，新奥法要求支护既能抑制围岩变形，防止围岩开裂松动，又要具有一定的可塑性，允许围岩适度变形。只有这样才能最大限度地减少支护受力，充分发挥围岩的支承能力。

新奥法所采用的隧道支护体系为复合式衬砌，由初期支护、防水层和二次衬砌组合而成，其中初期支护是以喷射混凝土为主体，根据需要与锚杆、钢筋网、钢架等构件组合而形成锚杆喷射混凝土支护。锚杆是一种可缩性支护，但是混凝土衬砌却是刚度较大的脆性支护；喷射混凝土厚度大则刚度大，在变形压力作用下很快就会破坏。为提高衬砌的柔性，初期支护要采用薄壁结构，以减少弯矩，提高其变形适应能力。当初期支护强度需要增强时，可以使用锚杆、钢筋网及钢拱架，而不是增加喷射混凝土或衬砌的厚度。而二次衬砌的作用是提高支护的安全度，根据新奥法原则，二次支护也应采用薄壁结构，当围岩变形稳定后适时地完成。

由于新奥法是以喷射混凝土、锚杆支护为主要支护手段，锚杆喷射混凝土支护能够形成柔性薄层，与围岩全面紧密黏结成可缩性支护结构，允许围岩有一定的协调变形，而不使支护结构承受过大的压力，同时又能及时有效地防止因水和风化作用造成围岩的破坏和剥落，保护原有岩体强度。因此，新奥法施工特点可概括为及时性、封闭性、黏结性、柔性。

（三）施工顺序

新奥法的施工顺序可以概括为：开挖→第一次支护→第二次支护。

（1）开挖。开挖作业的内容包括钻孔、装药、爆破、通风、出渣等。开挖作业与一次支护作业同时交叉进行，为保护围岩的自承能力，第一次支护工作应尽快进行。为了充分利用围岩的自承能力，开挖应采用光面爆破或机械开挖，并尽量采用全断面开挖，地质条件较差时可以采用分块多次开挖。一次开挖长度应根据岩质条件和开挖方式确定。岩质条件好时，长度可大一些，岩质条件差时长度可小一些；在同等岩质条件下，分块多次开挖长度可大一些，全断面开挖长度就要小一些。一般在中硬岩中开挖长度为2~2.5m，在膨胀性地层中为0.8~1.0m。

（2）第一次支护。第一次支护作业包括：一次喷射混凝土、打锚杆、挂网、立钢拱架、复喷混凝土。在隧道开挖后，应尽快地喷射一层薄层混凝土（3~5cm）。为争取时间，在较松散的围岩掘进中，第一次支护作业是在开挖的渣堆上进行的，待未被渣堆覆盖的开挖面的一次喷射混凝土完成后再出渣。按一定系统布置的锚杆，能加固深度围岩，在围岩内形成承载拱。由喷射混凝土、锚杆及岩面承载拱构成的外拱，起临时支护作用，同时又是永久支护的一部分。

复喷后的混凝土层应达到设计厚度（一般为10~15cm），并要求将锚杆、钢筋网、钢拱架等覆裹在喷射混凝土内。在安装锚杆的同时，在围岩和支护中埋设仪器或测点，进行围岩位移和应力的现场测量，依据量测得到的信息来了解围岩的动态以及支护抗力与围岩的相适应程度。

完成第一次支护的时间非常重要。目前的施工经验是松散围岩中的第一次支护应在爆破后三小时内完成，主要由施工条件决定。在地质条件非常差的破碎带或膨胀性地层（如风化花岗岩）中开挖隧道，为了延长围岩的自稳时间，给一次支护争取时间，并且安全地作业，需要在开挖工作面的前方围岩进行超前支护（预支护），然后再进行开挖。

（3）第二次支护。第一次支护后，当围岩变形趋于稳定时，进行第二次支护和封底，即永久性的支护（或是补喷射混凝土，或是浇筑混凝土内拱），起到提高安全度和增强整个支护承载能力的作用，而此支护时机可以由监测结果得到。如果底板不稳，底鼓变形严重，则会牵动侧墙及顶部支护不稳，所以应尽快封底，形成封闭式的支护，以谋求围岩的稳定。

（四）施工原则

新奥法施工的基本原则可以归纳为"少扰动、早支护、勤量测、紧封闭"。

"少扰动"，是指在进行隧道开挖时要尽量减少对围岩的扰动次数、强度、范围和持续时间。即要求：能用机械开挖的就不用钻爆法开挖；采用钻爆法开挖时，要严格进行控制爆破；尽量采用大断面开挖；根据围岩类别、开挖方法、支护条件选择合理的循环掘进进尺；对自稳性差的围岩，循环掘进进尺应短一些；支护要尽量紧跟开挖面，缩短围岩应力松弛时间。

"早支护"，是指开挖后及时施作初期喷锚支护，使围岩的变形进入受控制状态。这样做一方面是为了使围岩不致因变形而产生坍塌失稳，另一方面是使围岩变形适度发展，以充分发挥围岩的自承能力。必要时可采取超前预支护措施。

"勤量测"，是指以直观、可靠的量测方法和量测数据来准确评价围岩（或围岩加支护）的稳定状态，或判断其动态发展趋势，以便及时调整支护形式、开挖方法，确保施工安全顺利进行。量测是现代隧道及地下工程理论的重要标志之一，也是掌握围岩动态变化过程的手段和进行工程设计、施工的依据。

"紧封闭"，一方面是指采取喷射混凝土等防护措施，避免围岩因长时间暴露而导致强度和稳定性的衰减（尤其是对易风化的软弱围岩）。另一方面是指要适时对围岩施作封闭形支护，这样做不仅可以及时阻止围岩变形，而且可以使支护和围岩进入良好的共同工作状态。

（五）洞口施工与进洞方法

山岭隧道洞口，或长或短有一段埋深比较浅，称为浅埋段。因此，洞口施工除应遵循以上施工原则以外，还要研究进洞方法。进洞方法主要是研究如何维护边坡、仰坡的稳定，保证安全、顺利进洞。

一般而言，不论洞口位置边、仰坡陡缓情形和基岩稳定好坏，都必须先行做好截水天沟等洞口防排水设施，减少或避免雨水对边、仰坡的危害，然后才可以安排进洞施工。

如果洞口仰坡比较陡，表明浅埋段较短，基岩（围岩）稳定性较好。可在清除地表虚土并施作简单的防护后，直接开挖进洞。但应注意采用短进尺、弱爆破、强支护，并随时加密观测支护的工作状况和地松动变形或下沉情况。

如果洞口仰坡比较平缓，或者洞口傍山斜交，表明浅埋段较长，基岩（围岩）稳定性较差或存在偏压，边、仰坡易于坍塌，应遵循先护后挖准则，做好进洞施工。此种条件下，应首先对边、仰坡实施加固处理，必要时应采用"超前支护"等特殊稳定措施，来维护边、仰坡（围岩）的稳定，方可进洞开挖。且应注意采用短进尺、弱爆破、强支护，并随时加密观测支护的工作状况和地层松动变形或下沉情况。常见的方法有两种：一种是超前小导管进洞，另一种是超前管棚进洞。无论采用哪一种超前支护方法，都必须先在洞口位置设置钢筋混凝土套拱，并在套拱中按设计要求预埋导管，以便向洞内施作小导管或长钢管（必要时注浆），形成超前支护。

三、浅埋暗挖法

浅埋暗挖法是在距离地表较近的地下进行各种类型地下洞室暗挖施工的一种方法。浅埋暗挖法是对新奥法理念的延伸和拓展，是王梦恕院士在我国山岭隧道新奥法施工经验的基础上，结合我国国情和工程地质与水文地质情况，主持创造的地下工程施工技术。浅埋暗挖法灵活多变，对地面建筑、道路和地下管网影响不大，具有造价低、拆迁少、不需要太多专用设备及不干扰地面交通和周围环境等特点，近几十年来已在我国城市地铁、市政地下管网及其他浅埋地下结构物的工程设计与施工中得到广泛应用，并形成了一套完整的综合配套技术。

（一）基本原理

浅埋暗挖法沿用了新奥法的基本原理，创建了信息化量测反馈设计和施工的新理念。采用先柔后刚复合式衬砌新型支护结构体系，初期支护按承担全部基本荷载设计，二次模筑衬砌作为安全储备，初期支护和二次衬砌共同承担特殊荷载。故浅埋暗挖法与新奥法的主要区别为：由于需要减少城市地表沉陷，浅埋暗挖法要求初期支护有一定刚度，设计时基本不考虑利用围岩的自承能力。

在应用浅埋暗挖法进行设计和施工时，同时采用多种辅助工法超前支护，改善加固围岩，调动部分围岩的自承能力。采用不同的开挖方法及时支护、封闭成环，使其与围岩共同作用形成联合支护体系。在施工过程中，应用监控量测、信息反馈和优化设计，实现不塌方、少沉降、安全生产与施工。

浅埋暗挖法包括小导管超前支护技术、"8"字形网构钢架设计与制造技术、环形开挖预留核心土施工方法，以及相应的监测仪器、监测方法和用变位进行反分析的计算方法。它强调了新的施工要点，突出了时空效应对防塌的重要作用，提出了在软弱地层中必须快速施工的理念。

（二）技术特点

与其他隧道施工方法相比，浅埋暗挖法具有以下技术特点。

（1）埋深浅对于浅埋的隧道或地下工程而言，在施工过程中，地层承载能力差，开挖引起明显的地表沉降，对周边环境的影响较大，这对地层预加固、开挖方法、支护衬砌等提出了更高的要求。

（2）地质条件差浅埋暗挖法，是在软弱围岩浅埋地层中修建隧道或地下工程的施工方法，主要适用于不宜明挖施工的土质或软弱无胶结的砂、卵石等第四纪地层，通常还需要采取堵水或降水、排水措施。

（3）周边环境复杂浅埋地下工程，尤其是城市地铁施工具有结构埋置浅，地面建筑密集，交通运输繁忙，地下管线密布，地表沉陷控制要求严格，周边环境复杂，交通疏解、拆迁改移费用高等特点。与其他施工方法相比，浅埋暗挖法在这些方面具有明显优势。

（4）由于浅埋暗挖法适用于软弱地层，因此预先加固改良地层是一项必不可少的辅助技术措施。目前可用的辅助工法较多，包括注浆法、降水法、超前小导管法、超前管棚法、水平旋喷法、冻结法等。

（5）采用浅埋暗挖法施工时，常见的开挖方法有全断面法、正台阶法，以及适用于特殊地层条件的其他施工方法，如单侧壁导坑超前正台阶法、双侧壁导坑正台阶法、中隔壁法等。

（6）风险管理难度大浅埋暗挖工程通常具有工期长、规模大、技术复杂、地质条件不确定、不良地质多、施工中的意外事故和施工造成的环境影响对工程的进展产生的影响很大等特点。因此，需要以科学的方法和手段研究风险发生和变化的规律，防患于未然，把风险造成的损失降至最低。

（7）施工影响小如前所述，浅埋暗挖法对地面建筑、周边环境、地面交通、地下管线等影响不大，简单易行，灵活方便，且对区间隧道施工不控制工期，对隧道施工的影响小。

（三）施工原则

这种设计思想的施工要点可概括为"十八字方针"，即"管超前、严注浆、短开挖、强支护、快封闭、勤量测"。

"管超前"，是指采用超前管棚或超前导管注浆加固地层。开挖面未开挖前先进行超前管棚或超前导管注浆加固地层，使松散、软弱地层经注浆加固后形成一个壳体，增强其自稳能力，防止出现地层坍塌现象。

"严注浆"，是指在导管超前支护后，立即进行压注水泥浆液填充砂层孔隙，浆液凝固后，土体集结成具有一定强度的"结石体"，使周围地层形成一个壳体，提升其自稳能力，为浅埋暗挖施工提供一个安全环境。

"短开挖"，是指根据地层情况不同，采用不同的开挖长度，一般在地层不良地段每次开挖进尺采用0.5~0.8m，甚至更短。由于开挖距离短，可争取时间架立钢拱架，及时喷射混凝土，减少坍塌现象的发生。

"强支护"，是指严格按照"喷射混凝土→开挖→架立钢架→挂钢筋网→喷混凝土"的次序进行初期支护施工，采用加大拱脚的办法以减小地基承载应力。

"快封闭"，是指初期支护从上至下及早形成环形结构，这是减小地基扰动的重要措施。采用正台阶法施工时，下半断面及时紧跟，及时封闭仰拱。

"勤量测"，是指坚持监控量测，并将量测资料反馈于指导施工。地面、洞内都要埋设监控点，通过这些监控点的量测信息，可以随时掌握地表和洞内土体各点因开挖和外力产生的位移，以此来指导施工。

四、新意法

新意法（New Italian Tunnelling Method，NITM）是"新意大利隧道施工法"的简称，由意大利的皮埃特罗·卢纳尔迪（Pietro Lunardi）教授对数百座隧道进行理论和现场试验研究后逐步创立，也通常被称作岩土控制变形分析法（ADECO-RS法）。近年来，该方法已经被意大利铁路、公路及大型地下工程建设项目中纳入设计规范且广泛采用，在我国的一些隧道中也开始有应用实例。

（一）基本原理

该方法的核心观点是开挖面前方超前核心岩土的滑动与隧道塌方之间存在着紧密联系，隧道塌方总是发生在核心土体滑动之后，开挖面超前核心岩土的强度、稳定性及对变形的敏感性在隧道施工中起到决定性作用。

长期研究试验及工程实践证实，隧道开挖扰动后周边及前方围岩所产生的变形分为开挖面围岩挤出变形、开挖面前方围岩预收敛变形及开挖后洞室围岩收敛变形3类。通过对隧道开挖面超前核心岩土体的勘察、量测，预报围岩的应力—应变形态，并将其划分为3种基本变形类型：A类为开挖面—超前核心土稳定（硬岩类别）；B类为开挖面—超前核心土短期稳定（黏结性地层）；C类为开挖面—超前核心土不稳定（松散性地层）。这3种情况下，隧道的变形及失稳表现均直接或间接与开挖面前方围岩的强度有关。变形反应从开挖面前方围岩变形开始，逐渐沿隧道向后发展，形成挤出变形、预收敛变形和收敛变形。收敛变形只是错综复杂应力—应变过程中的最后阶段，可以通过控制超前围岩的变形（如挤出变形、预收敛变形）来控制隧洞总变形，措施是采取相应防护及加固手段来增加超前核心围岩的强度。

新意法是以开挖面超前核心岩土的变形与隧道的稳定性为主要评价目标，设计和施工都是以此为基础进行确定。与新奥法相比，新意法不仅考虑到了隧道后方的变形影响，同时重点考虑前方开挖面的变形对隧道稳定性的影响。而新奥法则没有考虑开挖面前方核心岩土的影响。

（二）技术特点

采用新意法进行隧道施工，有以下优点。

（1）新意法重视隧道加固措施，把隧道加固措施视为控制和调节隧道变形不可缺少的工具，从而把隧道加固措施视为保证隧道最终稳定结构的一部分（关注隧道的变形量，隧道工程的造价与其变形量成正比）。在这一方面，值得注意的是，在地下工程的总造价中，隧道加固措施和地层改良措施的造价变化幅度很大。而隧道开挖和衬砌的造价相对较为稳定，对于所有地层，其变化幅度都不大。

（2）可以对隧道进行完整的、可靠的设计，从而在各种地层中，甚至在最困难的地层条件下，都可以进行机械化全断面隧道施工。

（3）可以估计出工程的工期和造价，从而可以避免业主与承包商之间的各种纠纷。

（4）可以在隧道施工期间很容易地、客观地量测出开挖面—超前核心土体系的应力—应变状态，从而有效克服了以前的围岩分类方法的缺陷。

（三）工作程序

新意法整个施工过程由以下阶段组成。

1.勘察阶段

在隧道设计和施工之前，必须进行隧道勘察，收集影响隧道修建的地层信息，如岩性、结构、地层、形态、构造、水文、地质、地质力学和应力状态等，以掌握介质的强度和变形特性。勘察阶段由两步组成，首先对隧道线路的地质剖面进行初步评估；然后对地质勘察进行规划，包括确定间接地球物理勘察、现场试验和钻孔勘察等计划。

2.诊断阶段

在诊断阶段，设计工程师运用理论方法，利用勘查阶段获得的数据，把整个隧道划分为应力—应变条件相同的几个部分（A类、B类、C类），确定各部分的详细变形和挖掘产生的荷载形式。

3.处置阶段

在此阶段通过适当的稳定支护措施/体系控制变形现象。根据诊断阶段所划分的隧道变形形态的类别，确定采取何种加固形式，以保证隧道处于完全稳定状态，继而设计出隧道的典型纵横断面形式。

4.实施阶段

设计完成后，进入实施阶段。根据设计确定的典型纵、横断面，进行隧道开挖和支护。对于软弱不良地层，一般需要进行超前加固，然后进行全断面机械化开挖，进度可达50m/月。

5.监测阶段

监测和判识隧道掘进过程中的围岩变形，验证诊断和处置阶段所做预测的准确性，然后调整设计方案以平衡开挖面和洞壁的支护措施。在隧道施工及使用的全生命期内都要监测其安全性。

（四）施工原则

在困难地质情况下，采用新意法进行隧道设计和施工基于以下基本原则：

（1）全断面开挖；

（2）运用超前支护和加固措施减小或避免围岩变形；

（3）在离开挖面较短的距离支护封闭以减小隧道变形。

五、挪威法

所谓挪威法（Norwegian Method of Tunnelling，NMT），就是由正确的围岩评价、合理的支护参数和高性能的支护材料3部分组成的一种经济而安全的隧道施工方法。它是以挪威等国家为代表的北欧地区的隧道支护设计和施工方法，适用于公路隧道、铁路隧道、水工隧洞及大型地下工程，目前在我国的一些大型地下洞室的修建中也有一定的应用。

挪威法适用于较硬的地层。在硬岩中修建隧道，无论用钻爆法或掘进机开挖，节理和超挖都占主导地位。在此条件下，锚杆调动围岩强度的动力最强，因此，挪威法以锚杆作为隧道主要支护手段。由于可能超挖，刚性的钢架或格构梁不适用于较硬的岩石。对裂缝中有黏土的岩体和不连续的可能不稳定的岩体，更加需要喷混凝土和钢纤维混凝土来对锚杆支护进行补强。确切地说，锚杆加钢纤维混凝土是已经设计出来的两种最可能有多种用途的隧道支护方法。这种锚杆加喷混凝土（或喷钢纤维混凝土）支护系统，既可用作隧道临时支护，又可用作隧道永久支护。因此，隧道只有锚杆和喷射混凝土等初期支护，没有国内常用的隧道二次衬砌，而是用钢纤维喷射混凝土层代替二次衬砌。挪威法对开挖轮廓形状适应性强，即使轮廓不平顺，喷射混凝土也能贴合岩面，远比钢拱架好，喷射混凝土承载环可视需要形成。围岩条件变化时，只需调整锚杆长度和间距以及喷射混凝土厚度便可适应，很少做混凝土二次衬砌。

隧道支护设计主要考虑围岩的条件。影响围岩分类的因素很多，主要是岩石（体）的物理力学性质、构造发育情况、承受的荷载、应力变形状态、几何边界条件、水的赋存状态等。目前主要采用定性和定量相结合的综合评判方法，以提高分类的可靠性。隧道施工时也经常会有无支护的围岩自稳性好的地段，但是大多数情况下需要选择合理的隧道支护手段，以达到既经济又安全的要求。

第三节 隧道开挖方法

隧道开挖方法是指开挖成形的方法。在隧道施工中，开挖方法是影响围岩稳定的重要因素之一，因此应在保证围岩稳定或减少对围岩扰动的前提下，选择恰当的隧道开挖方法和掘进方式。当使用盾构法、TBM法、顶进法进行隧道施工时，整个隧道断面是统一使用机械掘进开挖；当使用明挖法修建时，实则不存在隧道断面的开挖。故本节主要针对钻爆法隧道施工中常见的各种不同断面开挖方法进行阐述。

按隧道开挖的横断面分布情形来分，隧道开挖方法可分为全断面开挖法、台阶开挖法以及各种分部开挖法等。随着隧道修建技术的发展，近年来还出现了一些在此基础上衍生出来的其他开挖方法，如PBA法（Pile-Beam Arch method，洞桩法）、盖挖法、侧洞法、柱洞法等。

一、全断面法

全断面开挖法就是按照隧道设计轮廓一次爆破成形，然后修建支护和衬砌的施工方法。其优点是：工序少，相互干扰小，便于组织施工和管理；工作空间大，便于组织大型机械化施工，速度快。但是由于全断面法是一次开挖成形，开挖跨度和高度越大，隧道周边围岩的变形和塑性区范围越大，拱脚处的应力集中也更为严重，隧道拱顶更不稳定，围岩自稳所要求的围岩自身强度较高。故全断面法主要适用于Ⅰ～Ⅲ级硬岩地层和Ⅱ级软岩地层，对于Ⅳ级硬岩地层，在采取超前锚杆、超前小管棚、超前预注浆等辅助施工措施加固后，也可采用全断面法施工，但应根据具体围岩情况适当缩短开挖进尺。浅埋段、偏压段和洞口段不宜采用全断面法开挖。

采用全断面法，由于施工空间较大，对于组织机械化作业、提高施工效率和保障施工质量是比较有利的。目前隧道的钻爆法施工中，一般按无轨和有轨两种运输模式分别进行或配套组合，组成开挖、装运、衬砌、喷锚、辅助作业5条基本作业线。

二、台阶法

台阶法是将整个断面分层，自上而下进行开挖的施工方法，因纵向断面呈台阶状而得名。台阶法分为二台阶法、三台阶法以及三台阶预留核心土法。

（一）二台阶法

二台阶法就是将隧道开挖断面分为上半断面和下半断面两次开挖成形。根据台阶的长度，又可以分为长台阶法、短台阶法和超短台阶法3种。施工中应采用何种台阶法，要根据初期支护形成闭合断面的时间要求（围岩越差，闭合时间要求越短）和上断面施工所用的开挖、支护、出渣等机械设备施工场地大小的要求两个条件来决定。在软弱围岩中应以前一条件为主，兼顾后者，确保施工安全。在围岩条件较好时，主要考虑是如何更好地提升机械效率，保证施工的经济性，故只需考虑后一条件。

（1）长台阶法

长台阶法开挖断面小，有利于维持开挖面的稳定，适用范围较全断面法广，一般适用Ⅱ～Ⅳ级围岩。上、下断面相距较远，一般上台阶超前50m或大于5倍洞跨。

优缺点及适用条件。长台阶法有足够的工作空间和相当的施工速度，上部开挖支护后，下部作业就较为安全，但上下部作业有一定的干扰。相对于全断面法来说，长台阶法一次开挖的断面和高度都比较小，只需配备中型钻孔台车即可施工，而且，对维持开挖面的稳定也十分有利。所以，它的适用范围较全断面法广泛，凡是在全断面法中开挖面不能自稳，但围岩坚硬无法用仰拱封闭断面的情况，都可采用长台阶法。

（2）短台阶法

短台阶法适用于Ⅲ～Ⅴ级围岩，台阶长度小于5倍但大于1倍洞跨。上下断面采用平行作业，其作业顺序和长台阶相同。

优缺点及适用条件。短台阶法可缩短支护结构闭合的时间，改善初期支护的受力条件，有利于控制隧道收敛速度和量值，因此，适用范围很广，Ⅲ～Ⅴ级围岩都能采用，尤其适用于Ⅳ、Ⅴ级围岩，是新奥法施工中经常采用的方法。缺点是上台阶出渣时对下半断面施工的干扰较大，不能全部平行作业。为解决这种干扰可设置由上半断面过渡到下半断面的坡道，将上台阶的石渣直接装车运出。过渡坡道的位置可设在中间，也可交替地设在两侧。过渡坡道法通常用于断面较大的双线隧道中。

（3）超短台阶法

超短台阶法是全断面开挖的一种变异形式，适用于Ⅴ～Ⅴ级围岩，台阶仅超前3～5m，只能采用交替作业。

优缺点及适用条件。由于超短台阶法初期支护全断面闭合时间更短，更有利于控制围岩变形，在城市隧道施工中，能更有效地控制地表沉陷。所以，超短台阶法适用于膨胀性围岩和土质围岩等要求及早闭合断面的场合，当然，也适用于机械化程度不高的各类围岩地段。缺点是上下断面相距较近，机械设备集中，作业时相互干扰较大，生产效率较低，施工速度较慢。在较弱围岩中施工时，应特别注意开挖工作面的稳定性，必要时可对开挖面进行预加固或预支护。

（二）三台阶法/三台阶临时仰拱法

三台阶法是将隧道分成三部分开挖，施工时先开挖上台阶，待开挖到一定长度后，再同时开挖中台阶及下台阶，形成上、中、下三台阶同时并进的施工方法。

Ⅳ级围岩段采用三台阶法开挖，Ⅳ级围岩断层破碎带及影响带、节理密集带和Ⅴ级围岩段采用三台阶临时仰拱法。三台阶开挖法将隧道断面分上、中、下三台阶来开挖，爆破施工分三次进行，可以减小爆破对围岩的扰动，保护围岩。上台阶开挖后为中下台阶的开挖创造临空面，降低炸药消耗。同时，三台阶开挖可减小隧道开挖后的空间效应，初期支护能尽早施工，可充分发挥围岩的自稳、自承能力，获得安全的地下空间。

当初期支护不封闭就难以控制围岩的稳定时，可采用三台阶临时仰拱法。三台阶临时仰拱法将大断面划分成自上而下的三个小单元进行开挖，以缩小开挖断面。采用临时仰拱使每个小单元及时封闭成环，形成环向受力，从而有效地发挥初期支护整体受力效果，阻止支护结构变形。根据围岩的稳定性，可以每个台阶均设置临时仰拱封闭，也可以仅在第一个台阶设置临时仰拱。

（三）三台阶预留核心土法

三台阶预留核心土法也称为三台阶七步法，是以弧形导坑开挖留核心土为基本模式，分上、中、下三个台阶七个开挖面，各部位的开挖与支护沿隧道纵向错开，平行推进的施工方法。三台阶七步法适用于开挖断面为100～180m^2、具备一定自稳条件的Ⅳ、Ⅴ级围岩地段隧道的施工。

三台阶七步法具有以下技术特点：

（1）施工空间大，方便机械化施工，可以多作业面平行作业，部分软岩或土质地段可以采用挖掘机直接开挖，工效较高；

（2）在地质条件发生变化时，便于灵活、及时地转换施工工序，调整施工方法；

（3）适应不同跨度和多种断面形式，初期支护工序操作便捷；

（4）在台阶法开挖的基础上，预留核心土，左右错开开挖，利于开挖工作面稳定；

（5）当围岩变形较大或突变时，在保证安全和满足净空要求的前提下，可尽快调整闭合时间。

三、分部开挖法

分部开挖法是将隧道断面分部开挖逐步成型，且一般将某部超前开挖，故也可称为导坑超前开挖法。分部开挖法主要适用于地层较差的大断面地下工程的施工，尤其是限制地表下沉较为严格的城市地下工程的施工，包括环形开挖预留核心土法、单侧壁导坑法、双侧壁导坑法、中隔壁法、交叉中隔壁法等。

(一)环形开挖预留核心土法

环形开挖预留核心土法也称为台阶分部开挖法,是指在上部断面以环形导坑超前,支护好后开挖上部核心土,其次开挖下半部两侧,支护好以后再开挖中部核心土的方法。

这种方法适用于一般土质或易坍塌的软弱围岩,常用于V级围岩单线和V~Ⅵ级围岩双线隧道掘进。由于拱形开挖高度较小,或地层松软锚杆不易成型,所以施工中不设或少设锚杆。环形开挖进尺为0.5~1.0m,不宜过长。上部核心土和下台阶的距离,一般双线隧道为1倍洞跨,单线隧道为2倍洞跨。

优缺点及适用条件。因为上部留有核心土支挡开挖面,而且能迅速及时地施作拱部初期支护,所以开挖工作面稳定性好。和台阶法一样,核心土和下部开挖都是在拱部初期支护保护下进行的,施工安全性好。与超短台阶法相比,台阶长度可以加长,减少上下台阶施工干扰;而与侧壁导坑法相比,施工机械化程度较高,施工速度可加快。虽然核心土增强了开挖面的稳定,但开挖中围岩要经受多次扰动,而且断面分块多,支护结构形成全断面封闭的时间长,这些都有可能使围岩变形增大。因此,它常要结合辅助施工措施对开挖工作面及其前方岩体进行预支护或预加固。

(二)单侧壁导坑法

单侧壁导坑法是先在隧道开挖断面的一侧设置导坑,并设置临时初期支护侧壁构件封闭成环,再分部开挖剩余部分的施工方法。

侧壁导坑尺寸应本着充分利用台阶的支承作用,并考虑机械设备和施工条件的原则而定。一般侧壁导坑宽度不宜超过0.5倍洞宽,高度以到起拱线为宜,这样,导坑可分二次开挖和支护,不需要架设工作平台,人工架立钢支承也较方便。导坑与台阶的距离没有硬性规定,但一般应以导坑施工和台阶施工不发生干扰为原则,所以在短隧道中可先挖通导坑,而后再开挖台阶。上、下台阶的距离则视围岩情况参照短台阶法或超短台阶法拟定。

优缺点及适用条件。单侧壁导坑法是将断面横向分成3块或4块,每步开挖的宽度较小,而且封闭型的导坑初期支护承载能力大,所以,单侧壁导坑法适用于断面跨度大，地表沉陷难以控制的软弱松散围岩。

（三）双侧壁导坑法

双侧壁导坑法也称为眼镜工法，是在隧道开挖断面的两侧都布置导坑，并都对其设置临时初期支护侧壁构件封闭成环，再分部开挖隧道开挖面中间部分的方法。

该方法适用于Ⅴ～Ⅵ级围岩双线或多线隧道掘进。一般将开挖断面分成4块：左侧壁导坑、右侧壁导坑、上台阶、下台阶。导坑尺寸拟定的原则同单侧壁导坑法，但宽度不宜超过断面最大跨度的1/3。左、右侧导坑错开的距离，应根据开挖一侧导坑所引起的围岩应力重分布的影响不致波及另一侧已成导坑的原则确定。

优缺点及适用条件。当隧道跨度很大，地表沉陷要求严格，围岩条件特别差，单侧壁导坑法难以控制围岩变形时，可采用双侧壁导坑法。现场实测表明，双侧壁导坑法所引起的地表沉陷仅为短台阶法的1/2。双侧壁导坑法虽然开挖断面分块多、扰动大，初期支护全断面闭合的时间长，但每个分块都是在开挖后立即各自闭合的，所以在施工中变形几乎不发展。双侧壁导坑法施工安全，但速度较慢，成本较高。

（四）中隔壁法

中隔壁法是将隧道分为左右两大部分进行开挖，先在隧道一侧采用台阶法自上而下分层开挖，待该侧初期支护和中隔墙临时支护完成，且喷射混凝土达到设计强度70%以上时再分层开挖隧道的另一侧，其分部次数及支护形式与先开挖的一侧相同。

该开挖方法在近年国内的铁路隧道和城市地下工程中的实践中，被证明是通过软弱、浅埋、大跨度隧道的最有效的施工方法之一。它一般适用于Ⅴ～Ⅴ级围岩浅埋的双线隧道，隧道断面跨度大、地表沉陷量要求较小。中隔墙开挖时，应沿一侧自上而下分为二部或三部进行，每开挖一部均应及时施作锚喷支护，安设钢架，施作中隔壁；之后再开挖中隔墙的另一侧，其分部次数及支护形式与先开挖的一侧相同。各部开挖时，周边轮廓应尽量圆顺，减小应力集中，各部的底部高程应与钢架接头处一致，另一侧开挖应及时形成全断面封闭，左右两侧纵向间距一般为30~50m，中隔壁设置为弧形或圆弧形。

（五）交叉中隔壁法

交叉中隔壁法仍是将隧道分侧分层进行开挖，分部封闭成环。每开挖一步均及时施作初期支护，施作中隔壁，安装底部临时仰拱。先挖一侧超前的上、中部，待初期支护完成且喷射混凝土达到设计强度70%以上时，再开挖隧道另一侧的上、中部，然后开挖一侧的下部，最后开挖另外一侧的下部，左右交替开挖。

交叉中隔壁法适用于Ⅴ~Ⅵ级围岩浅埋的双线或多线隧道。采用交叉中隔壁法施工，除满足中隔壁法的要求外，尚应满足：设置临时仰拱，步步成环；自上而下，交叉进行；中隔壁及交叉临时支护，在浇筑二次衬砌时，应逐段拆除。该方法能有效地阻止支护结构收敛变形和下沉，在控制地面沉降和土体水平位移等方面优于其他开挖方法，但拆除中隔壁时风险较大，工序烦琐，施工速度慢。

四、盖挖法

（一）定义、优缺点及使用条件

当隧道埋置较浅时，可考虑采用盖挖法。盖挖法是在隧道浅埋时，由地面向下开挖至一定深度后，施工结构顶板，并恢复地面原状，其余的绝大部分土体的挖除和主体结构的施作则在封闭的顶板掩盖下完成的施工方法。

盖挖法特点是：封闭道路时间比较短，而且允许分段实施，一旦路面先期恢复（或盖挖系统完成后），后续施工对地面交通几乎不再产生影响；对周围环境的干扰时间较短，对防止地面沉降及对周围建筑物和地下管线的保护具有良好的效果；挖土是在顶部封闭状态下进行，大型机械应用受到限制，施工工期较长；结构的主要受力构件常兼有临时结构和永久结构的双重功能；需设置中间竖向临时支承系统，与侧墙共同承受结构封底前的竖向载荷；需要对地下连续墙、中间支承柱与底板、楼盖的连接节点进行处理；本工法的施工难度、施工工期及土建造价均属中等水平。

盖挖法主要适用于城市地铁等浅埋隧道及地下工程中，尤其适用于地铁车站等地下洞室建筑物的施工。其中，盖挖顺作法主要适用于单层地铁车站施工，盖挖逆作法主要适用于多层地铁站施工。但应当注意的是，采用盖挖逆作法施工时，应特别注意结构体系受力状态的转换，以保证结构受力状态良好。

（二）具体施工方法

按照盖板下土体挖除和主体结构施作的顺序，盖挖法可以分为盖挖顺作法、盖挖逆作法和盖挖半逆作法。

1.盖挖顺作法

盖挖顺作法是在地表作业完成挡土结构后，以定型的预制标准覆盖结构（包括纵、横梁和路面板）置于挡土结构上维持交通，往下反复进行开挖和加设横撑，直至设计标高。依序由下而上，施工主体结构和防水，回填土并恢复管线路或埋设新的管线路。最后，视需要拆除挡土结构外露部分并恢复道路。在道路交通不能长期中断的情况下修建车站主体时，可考虑采用盖挖顺作法。

2.盖挖逆作法

盖挖逆作法是先在地表面向下做基坑的维护结构和中间桩柱，和盖挖顺作法一样，基坑维护结构多采用地下连续墙或帷幕桩，中间支撑多利用主体结构本身的中间立柱以降低工程造价。随后即可开挖表层土体至主体结构顶板地面标高，利用未开挖的土体作为土模浇筑顶板。顶板可以作为一道强有力的横撑，以防止维护结构向基坑内变形，待回填土后将道路复原，恢复交通。以后的工作都是在顶板覆盖下进行，即自上而下逐层开挖并建造主体结构直至底板。如果开挖面积较大、覆土较浅，周围沿线建筑物过于靠近，为尽量防止因开挖基坑而引起邻近建筑物的沉陷，或需及早恢复路面交通，但又缺乏定型覆盖结构，常采用盖挖逆作法施工。

3.盖挖半逆作法

盖挖半逆作法与盖挖顺作法的主要区别在于，结构顶板的构筑时机不同，在半逆作法中顶板事先做好，而顺作法中顶板是最后才完成（在之前一直是临时顶板）。与明挖法相比，半逆作法减少了对地面交通的干扰，与全逆作法相比，它仍然需要设置临时横撑。如盖挖半逆作法的施工过程为：①施作地下连续墙（围护结构）；②施作中间立柱；③基坑开挖至顶板底面处；④施作顶板，并填土覆盖，恢复交通；⑤往下继续开挖至基底标高，并逐层设置横撑；⑥施作底板；⑦施作中层楼板（如设计中有内衬墙，则施作下层的内衬边墙）；⑧如设计中有内衬墙，则最后施作上层的内衬边墙。

（三）易出现的问题及对策

盖挖法巧妙地把地上结构的常规施工方法和地下工程的暗挖施工法结合，形成了特有的施工技术体系。但是盖挖法的施工特点也导致结构存在某些弱点，很多施工环节仍需要探讨和改进。如喷射混凝土常常用作盖挖法的围护结构和初次衬砌，但是喷射混凝土的防渗性能很差。初衬混凝土中的钢筋位于地下水环境中，会很快发生锈蚀，影响持久的承载能力，因此，需要从材料科学的研究入手，调整喷射混凝土配比、掺加阻锈剂、改进喷射工艺，提高喷射混凝土的抗渗品质。又如，盖挖法所形成的结构次生应力多、结构整体性较差。这需要施工单位具有较强的结构计算和结构分析能力，拟定和比较多种施工方案，最终优选确定最佳实施方案。另外，在狭小地下空间，挖掘机械、运输机械、钢筋焊接机械等特殊机具的配备和合理使用也是相当重要的。总之，在制订盖挖法施工方案时应从长计议，综合考虑多种技术措施，以及结构节点的连接工艺、大型地下工程中柱的定位技术等，以保证结构的整体性和耐久性。

五、盾构法

在城市地铁隧道的修建过程中为了隧道自身结构和周边既有构筑物的安全，常常采用"能明则明，能盾则盾"的施工方案，即能采用明挖法的尽可能采用明挖法，能采用盾构法的尽可能采用盾构法开挖。可见盾构法在城市地铁修建过程中占有重要地位。

盾构法最早始于1818年，是法国工程师布鲁诺（M.I.Brunel）受到蛀虫钻孔的启发后发明的隧道掘进的一种施工方法。盾构法是在一种钢制的活动防护装置的掩护下进行隧道开挖的方法，同时在盾构的尾部拼装预制的管片、砌块或者现浇混凝土，以形成盾构法隧道的衬砌结构。盾构机借助于盾尾千斤顶的顶力实现掘进，与此同时，在衬砌结构和土体之间注入浆液以防止地层的过大变形，并在隧道开挖的同时确保了线路周边的环境。

近年来我国正加速城市化进程，不少大中城市都出现了建筑用地紧张、交通拥挤的情况。一方面，城市采用高架道路等交通形式缓解交通压力；另一方面，许多城市都开始了地下铁道的建设，并使地下交通成为大城市的主要交通形式。地铁交通具有运量大、速度快、噪声小、污染轻和能耗低等优点，世界许多大中城市从20世纪就开始了大规模的轨道交通建设,近年来我国逐渐兴起了地铁建设的高潮。不仅如此,随着城市化进程的不断发展,特别是城市的地下建筑物和密集高层建筑逐年增多,明挖和盖挖等传统隧道施工方法会对正常的城市生活和线路周边建筑物带来较大的干扰。由于盾构法具有对地面影响较小,不受地面建筑物和交通的限制,不需降水,并可以避免许多深基坑的开挖等优点,在很大程度上克服了这一系列的困难,从而成为城市地铁隧道快速、高质量施工的重要方法之一。

盾构法至今已有190年的历史,随着对盾构隧道各种研究的不断深入,盾构法也得到了很大的发展。在对盾构隧道的研究中,主要包含了结构受力、适应环境、结构构造、衬砌防水以及与这些相关的施工技术和安全评估等方面。

(一)盾构类型、特点、适用条件及选型

1.盾构类型

从盾构机的出现到现在可以分成四类,包括敞开型、部分敞开型、封闭型和复合型,其中敞开型和部分敞开型称为旧式盾构,而封闭型和复合型称为现代盾构。目前世界上所用的盾构都是现代盾构,主要有泥水加压式和土压平衡式两种。

2.盾构特点及适用条件

(1)盾构特点

封闭型盾构主要有泥水加压和土压平衡两大类型,施工人员不能直接观察开挖面土层工况,而是通过各种检测传感装置进行显示和自动控制。泥水加压盾构适用从软弱黏土、砂土到砂砾层等地层,但是它需要一套技术较复杂的泥水分离处理设备。土压平衡盾构既具有泥水加压盾构的优点,又消除了复杂的泥水分离处理设施,目前受到工程界的普遍重视。

复合型盾构,是在软土盾构的刀盘上安装切削岩层的各式刀具,有的还在盾构内安装碎石机,这种硬岩开挖工具与软土隧道盾构机械相结合,能在硬岩和软土地层交替作业。由于城市地铁的一条线路所处的地质条件很复杂,有较软的土层、砂层,也有较硬的岩层以及地下水等。所以,一般选择复合型盾构。又由于复合式泥水加压盾构需要在地面修建泥水处理厂,给居民的生活和周围的环境带来一定的不良影响,故一般选择复合式土压平衡盾构,这是城市地铁建设的一种

发展趋势。具体优、缺点如下：

①场地作业少，隐蔽性好，由噪声、振动引起的环境影响小；

②穿越河底或海底时，隧道施工不影响航道，也完全不受气候的影响；

③穿越地面建筑群和地下管线密集区时，周围可不受施工影响；

④自动化程度高、劳动强度低、施工速度较快；

⑤施工设备费用较高；

⑥覆土较浅时，地表沉降较难控制；

⑦用于施工小曲率半径隧道时，掘进较困难。

（2）适用条件

①在松软含水地层，有相对均质的地质条件。

②盾构法施工隧道应有足够的埋深，覆土深度宜不小于6m。隧道覆土太浅，盾构法施工难度较大，在水下修建隧道时，覆土太浅盾构施工安全风险较大。

③地面上必须有修建用于盾构进出洞和出土进料的工作井位置。

④隧道之间或隧道与其他建（构）筑物之间所夹土（岩）体加固处理的最小厚度为水平方向1.0m，竖直方向1.5m。

⑤从经济角度讲，连续的盾构施工长度不宜小于300m。

3.盾构选择

一般来说，用盾构法施工的地层都是复杂多变的，因此，对于复杂的地层要选定较为经济的盾构是当前面临的一大难题。实际上，在选定盾构时，不仅要考虑地质情况，也要考虑盾构的外径、隧道的长度、工程的施工程序、劳动力情况等，而且还要综合研究工程施工环境、基地面积、施工引起对环境的影响程度等。

（1）选择盾构的种类一般要求掌握不同盾构的特征。同时，还要逐个研究以下几个项目：①开挖面有无障碍物；②气压施工时开挖面能否自立稳定；③气压施工并用其他辅助施工法后开挖面能否稳定；④挤压推进、切削土加压推进中，开挖面能否自立稳定；⑤开挖面在加入水压、泥压、泥水压作用下，能否自立稳定；⑥经济性。

（2）选型依据。

①土质条件、岩性（抗压、抗拉、粒径、成层）等各参数；

②开挖面稳定（自立性能）；

③隧道埋深、地下水位；

④设计隧道的断面；

⑤环境条件、沿线场地（附近管线和建筑物及其结构特性）；

⑥衬砌类型；

⑦工期；

⑧造价；

⑨宜用的辅助工法；

⑩设计路线、线性、坡度；

⑪电气等其他设备条件；

⑫地层渗透系数。

根据国外的施工经验，当地层的透水系数小于10^{-7}m/s时，可以选用土压平衡盾构。当地层的渗水系数在10^{-7}m/s和10^{-7}m/s之间时，既可以选用土压平衡盾构，也可以选用泥水式盾构。当地层的透水系数大于10^{-7}m/s时，宜选用泥水盾构。

（3）泥水加压式盾构选用。泥水加压式盾构适用于冲积形成砂砾、砂、粉砂、黏土层、弱固结的互层地基以及含水率高、开挖面不稳定的地层；洪积形成的砂砾、砂、粉砂、黏土层以及含水很高、固结松散易于发生涌水破坏的地层，是一种适用于多种土质条件的盾构型式。但是对于难以维持开挖面稳定性的高透水性地基、砾石地基，有时也要考虑采用辅助施工方法。

（4）土压平衡式盾构选用。土压平衡式盾构适用于含水量和粒度组成比较适中的粉土、黏土、砂质粉土、砂质黏土、夹砂粉黏土等土砂可以直接从掘削面流入土舱及螺旋排土器的土质。但对含砂粒量过多的不具备流动性的土质，不宜选用。

（二）盾构原理、构造

1.原理

盾构机的基本工作原理就是一个圆柱体的钢组件沿隧洞轴线，边向前推进边对土壤进行挖掘。该圆柱体组件的壳体即盾壳，它对挖掘出的还未衬砌的隧洞段起着临时支撑的作用，承受周围土层的压力，有时还承受地下水压以及将地下水挡在外面，挖掘、排土、衬砌等作业在盾壳的掩护下进行。盾壳的厚度，因地质情况、盾构直径大小和生产国家的不同而略有差异。

盾构施工主要由稳定开挖面、掘进及排渣、管片拼装及壁后注浆四部分组成。其中开挖面的稳定方式是其工作原理的主要方面，也是区别于山岭隧道硬质岩体TBM的主要特征。通常，硬质岩体TBM施工时，大多数岩体稳定性较好，不存在开挖面失稳的问题，虽也会遇到掌子面不稳定的情况，但这种地质地段占整体隧道的比例不会很大。

2.构造

盾构主要由盾构主机、后配套设备及附属设备组成。主机部分包括掘削机构、动力装置、盾壳、推进装置、管片拼装机构、衬砌背后注浆、出料装置和控制设备等。

（1）掘削机构

①刀盘。刀盘设置在盾构的最前方，既能掘削地层的土体，又能对掌子面起到一定支撑作用，从而保证掘削面的稳定。

刀盘开口率是刀盘面板开口部分的面积与刀盘面积的比值。刀盘切削下来的渣土通过刀盘的开口槽流往土舱。

刀盘的中心装有回转接头，它使刀盘上的泡沫注入通道能跟盾构体内的管路相连接。海瑞克盾构机中心回转接头内有4路泡沫注入通道，泡沫剂通过中心回转接头到达刀盘后，再在刀盘体内分成8个注入口，通过刀盘面板注入泥浆或泡沫，起到冷却、润滑和改良渣土等作用。当地层含砂量超过某一限度时，泥土的流塑性明显变差，土舱内的土体因固结作用而被压密，导致土渣难以排送。可通过向土舱内注水或泡沫、膨润土等，经强制搅拌，使砂质土泥土化。泡沫是一种流塑化改性剂，除可改善土体的流动性外，还可润滑刀盘、刀具、螺旋输送机，降低刀盘扭矩，保持开挖面稳定。

从国外引进的第一台海瑞克盾构用于北京地铁5号线施工，布置了4个泡沫注入口，而南京地铁引进同一厂家的第5台盾构却布置有6个注入口，这说明制造商在不断地进行泡沫注入系统的改造。同时，泡沫的注入还能有效地防止刀盘中心形成泥饼。

②刀具。盾构机刀具是一种超硬材质，一般是耐冲击性及耐磨性优越的E5材质或类似材料（高硬度的合金钢），同时它也是盾构机破岩掘进的关键部件，在掘进中容易损坏，要经常更换。目前使用的刀具主要有刮削刀具和滚动刀具。

刮削刀具是指只随刀盘转动而没有自转的破岩刀具，刮削刀具的种类繁多，目前盾构掘进机上常用的刮削刀具类有边刮刀、刮刀、齿刀、先行刀、贝壳刀、鱼尾刀等。刮刀是由刀座、刀体和刀刃三部分组成的，刀座是与刀盘连接的部分，与刀盘的连接有焊接如先行刀、螺栓连接如边刮刀、插销连接如正面刮刀。刀座有的是与刀体成一体的，有的是与刀体焊接的，与刀体焊接的刀座材料一般是低碳合金钢。刀体对硬质合金刀刃起支撑和保护作用，要有足够的强度和耐磨性，常常采用表面硬化技术或局部堆焊耐磨层。刮刀刃是刮刀刮削岩土和保护刀体不被磨损的关键部位，通常是用硬质合金做成的，其大小和形状根据部位、作用、地层进行设计。刀刃与刀体的连接是关键，具体工艺有焊接、镶嵌和镶嵌焊。

滚切类刀具是通过刀具的滚动来切割岩层的，所以人们习惯称之为滚刀。它一般是通过刀框座和螺栓连接在刀盘上的。在工作过程中，它不仅要在刀盘的带动下随刀盘进行公转，同时还要围绕自身刀轴进行自转，通过不断的连续滚动对岩层进行切入、挤压和摩擦，使掌子面上的岩层逐渐剥落，完成对岩层的切割破碎。根据刀刃的形状可分为齿形滚刀（钢齿和球齿）、盘形滚刀（钢刀圈滚刀和球齿刀圈滚刀）。根据安装位置可分为正滚刀、中心滚刀、边滚刀、扩孔滚刀。盾构掘进机滚刀主要是盘形滚刀，盘形滚刀又有单刃、双刃和多刃。

（2）刀盘驱动装置

刀盘驱动装置的作用是向刀盘提供必要的旋转扭矩，驱使刀盘旋转。刀盘驱动装置由钢板焊接构造而成，在内部安装高精度、大负荷的滚动轴承和密封圈。该装置一般由带减速器的液压马达的小齿轮驱动大轴承，带动刀盘顺时针或逆时针旋转。

通常，刀盘驱动部（包括密封、大轴承、小齿轮、减速机、液压马达等）作为一个整体组装调试后，再用螺栓固定在盾构壳体上，这样更能保证刀盘密封与传动的可靠性和安全性。为了防止土砂、水进入驱动装置内，在旋转部与固定部中间设置有密封装置。

盾构刀盘的转速，要视刀盘的直径大小而定。一般说来，刀盘直径大，转速就低；刀盘直径小，转速就高。其原因是：刀具切削土壤时，线速度要求低于20m/min，如果线速度超过此极限值，切削阻力将急剧增加，刀具磨损加剧，导致频繁地更换刀具。

（3）盾壳

盾构的种类繁多，所有盾构的外壳沿纵向从前到后分为前盾、中盾、后盾三段，通常又把这三段称为切口环、支承环、盾尾。

①切口环。切口环部分是开挖和挡土部分，它位于盾构机的最前端，施工时最先切入土层并掩护开挖作业。切口环保持着工作面的稳定，并作为开挖下来的土砂向后方运输的通道，采用机械化开挖式盾构时，就根据开挖下来土砂的状态，确定切口环的形状、尺寸。

切口环的长度主要取决于盾构正面支承、开挖的方法。对于机械化盾构切口环内按不同的需要安装各种不同的机械设备，这些设备是用于正面土体的支护及开挖，而各类机械设备是由盾构种类决定的。

②支承环。支承环是盾构的主体结构，是承受作用于盾构上全部荷载的骨架。它紧接于切口环，位于盾构中部，通常是一个刚性很好的圆形结构。地层压力、所有千斤顶的反作用力以及切口环入土正面阻力、衬砌拼装时的施工荷载均由支承环来承受。

在支承环外沿布置有盾构千斤顶，中间布置拼装机及液压设备、动力设备、操纵控制台。当切口环压力高于常压时，在支承环内要布置人行架、减压舱，即人舱，也称气压人闸。

支承环的长度应不小于固定盾构千斤顶所需的长度，对于有刀盘的盾构还要考虑安装切削刀盘的轴承装置、驱动装置和排土装置的空间。同时应拥有可充分承受土压、水压、盾构千斤顶推进反作用力、挖掘反作用力的强度。

③盾尾。盾尾在盾壳的尾部，由环状外壳与安装在内侧的密封装置构成。其作用是支承坑道周边，防止地下水与注浆材料被挤入盾构隧道内。在盾尾内部留有管片拼装的空间，该空间内装有拼装管片的举重臂。盾尾的环状外壳大都用高强度的薄形钢板制作，以减少盾构向前推进后留下的环状间隙，从而减少压浆工作量，对地层扰动范围也小，有利于施工。但盾尾也需要承担土压力，所以其厚度应综合上述因素确定。盾尾的长度取决于衬砌形式，必须根据管片的宽度及盾尾的密封道数来确定。

为防止泥水和水泥砂浆从盾构外流入盾构内，盾构内气压向地层中泄漏，在盾壳内壁和衬砌之间设有密封装置。

（4）推进装置

盾构推进是靠液压系统带动千斤顶的伸缩动作，驱使盾构在土层中向前推进的。盾构千斤顶活塞的前端必须安装顶块，顶块采用球面接头，以便将推力均匀分布在管片的环面上。

推进千斤顶沿中盾壳体内侧均匀分布，油缸的布置在设计时考虑了避开管片接缝。推进系统，应具有纠偏功能，推进油缸能分组和单独控制，能手动和自动控制，满足施工要求的最小转弯半径需要，并具有一定的爬坡能力。

盾构的推进油缸布置形式有两种：一种是四组分区；另一种是五组分区。理论上，分组越多，越容易调向，但大部分盾构采用的是四组分区形式，因为其布置比较简单，同时可以节约成本。

（5）管片及管片安装机

①管片。盾构法修建的隧道采用拼装式衬砌，是将衬砌分成若干块管片，这些管片经预制后运到隧道内，用机械拼装成环，拼装成环后即可立即受力。目前主要用在盾构隧道内，因为盾构的前进需要衬砌环立即提供反力，这是现浇混凝土衬砌所做不到的。

盾构隧道的衬砌，通常分为一次衬砌和二次衬砌。一般情况下，一次衬砌为由管片组装成的环形结构，二次衬砌是在一次衬砌内侧现场灌注的混凝土结构。只有一次管片衬砌的叫单层衬砌。在一次衬砌里面再做现场灌注的二次衬砌，称之为双层衬砌。一般情况下均采用单层衬砌，如地铁隧道。但对于污水隧道、有内压的隧道或结构受力十分复杂的隧道，宜采用双层衬砌，如南水北调的穿黄隧道。

由于在开挖后要立即进行衬砌，故将数个钢筋混凝土制造的块体构件组装成圆形等衬砌，此块体称为管片。

②管片接头。管片接头分为沿圆周方向连接起来的管片接头和沿隧道轴线连接起来的管片环接头两种。接头与接头通常采用螺栓连接，连接螺栓有直螺栓和弯螺栓两种。

③管片拼装机。管片安装器安装在盾尾区域，用来安装衬砌管片。安装器所具有的各种动作能在施工场地条件下使管片精密地就位。它主要的运动构件的功能均可通过比例控制来实现。在管片安装模式下，为达到最理想的衬砌效果，每个推进油缸可以单独控制。所有方向运动可靠，功率足够，采用比例液压控制的

管片安装器可以快速地达到毫米级的安装精度。

管片安装器由以下构件组成：悬臂梁、移动机架、回转机架、安装头、动力输入、真圆保持器。管片安装器的行程允许在隧道内更换前面两排盾尾刷。

a.悬臂梁。悬臂梁用于管片安装器的纵向移动，它通过法兰与中盾H架连接。盾构与拖车之间的所有管线连接都穿过管片安装机敞开的中心部位。管片安装器悬臂梁与桥架用油缸铰接。

b..移动机架。移动机架安装在悬臂梁上，可通过两个液压缸的伸缩做纵向移动。带内齿的滚动轴承用法兰连接在移动机架上，并以此带动回转机架。回转驱动马达安装在移动机架上，回转运动通过驱动马达上的齿轮驱动，该液压马达具有制动装置。

c.回转机架。回转机架用法兰安装在滚动轴承的内圈上，其侧向安装有伸缩臂。由内部的伸缩油缸带动，伸缩油缸可以单独伸缩。

d.安装头。内部伸缩管两端固定在安装头的悬臂梁上，安装头带有机械夹持系统。安装头可旋转与倾侧。

e.动力输入。管片安装器旋转部件装有液压动力、阀的信号电压。动力通过组合供能系统供给。

f.真圆保持器。盾构向前推进时管片就从盾尾脱出，管片受到自重和土压的作用会产生变形，当该变形量很大时，既成环和拼装环拼装时就会产生高低不平，给安装纵向螺栓带来困难。为了避免管片产生高低不平的现象，应有必要让管片保持真圆，该装置就是真圆保持器。

真圆保持器上装有上、下可伸缩的千斤顶，上、下装有圆弧形的支架，它在动力车架挑出的梁上是可以滑动的。当管片拼装成环后，就让真圆保持器移到该管片环内，支柱千斤顶使支架圆弧面密贴管片后，盾构就可进行下一环推进。盾构推进后由于它的作用，圆环不易产生变形而保持真圆状态。

（6）衬砌背后注浆。由于盾构刀盘的开挖直径大于管片外径，管片拼装完毕并脱出盾尾后，与土体间形成环形间隙。为了避免或减少盾构后部的沉降，在掘进隧道期间，必须回填此环状空隙。如果此间隙得不到及时填充，势必造成地层变形，使相邻地表的建筑物、构筑物沉降或隧道本身偏移。因此，衬砌背后注浆是盾构法施工必不可少的关键性辅助工法。

①衬砌背后注浆的目的。

a.控制地表沉降：衬砌背后注浆最重要的目的就是及时填充环形间隙，防止因间隙的存在导致地层发生较大的变形或坍塌。

b.减少隧道沉降量：如上所述，管片出盾尾后，管片与土体之间产生空隙，使管片下部失去支撑，由于管片的自重，就产生了下沉，使原来成环良好的轴线受到影响。用具备一定早期强度的浆液及时填充环形间隙，可确保管片早期和后期的稳定。而压浆后能使管片卧在压浆的材料上，就好像隧道有了一个垫层，也就防止或减少了隧道的沉降，保证隧道轴线的质量，满足工程使用要求。

c.提高隧道衬砌的防水性：隧道是由预制管片拼装而成的，所以有很多的纵、环向缝隙，而这些缝隙正是防水的薄弱环节，设想如果在衬砌外壁均匀地铺设一定厚度能防水的材料，对提高整条隧道的防水效果是可想而知的，压浆正是起到了这个作用。盾尾注浆液凝固后，一般有一定的抗渗性能，可作为隧道的第一道止水防线，提高隧道抗渗性能。

d.改善衬砌的受力状况：压浆后，地层变形和地层压力得以控制，浆体便附在衬砌圆环的外周，使两者共同变形，从而改善衬砌的受力状况。盾构隧道是一种管片衬砌与围岩共同作用的结构稳定的构造物，均匀、密实地注入和填充管片背面空隙是确保土压力均匀作用的前提条件。

②浆液种类。衬砌背后注浆的浆液一般分为单液浆和双液浆。

a.单液浆，是指多由粉煤灰、砂、水泥、外加剂等在搅拌机中一次拌和而成的浆液。这种浆分为惰性浆液和硬性浆液。

惰性浆液：没有掺加水泥等凝胶物质，其早期强度和后期强度均很低的浆液。

硬性浆液：掺加了水泥等凝胶物质，具备一定早期强度和后期强度的浆液。

b.双液浆，是指由水泥砂浆浆液与水玻璃浆液混合而成的浆液。双液浆又可按初凝时间的不同，分为缓凝型（初凝时间为30~60s）和瞬凝型（初凝时间小于20s）。

凝结时间越长，越容易发生浆液向密封土舱内泄漏和土体内流失的情况，限定范围的填充越困难。而且在没有初凝前，浆液容易被地下水稀释，产生材料分离。因此，目前多采用瞬凝型浆液注浆，但凝结时间过短，也会造成注入还没结束，浆液便失去了流动性，导致填充效果不佳。

惰性浆液初凝时间长,制备成本低。硬性浆液制备成本相对较高,初凝时间为12~16h,早期具有一定的强度,对于隧道衬砌的稳定较为有利。

由于单液浆具有施工工艺简单、易于控制且不易堵管等优点,目前被较广泛地用于隧道衬砌背后注浆。

③注浆工艺。当盾尾后空隙形成后,立即进行压浆,并保持一定的压力。压浆工艺对盾尾密封要求较高,以防止注入的浆液从尾部、工作面、管片接头等部位泄漏到其他无须注浆的部位。因此,要有一个不易漏浆的盾尾密封装置及准备有堵浆措施、设备和材料等,特别是泥水盾构中还设置了三道钢丝刷,所以尾部泄漏泥浆的现象极少。

从时效上可将衬砌背后注浆分为同步注浆、二次注浆。

a.同步注浆:指盾构向前推进,在施工间隙形成的同时立即注浆的方式。同步注浆使浆液同步填充环形间隙,从而使周围土体获得及时的补偿,有效地防止土体塌陷,控制地表的沉降。

同步注浆采用盾构本身配置的注浆系统,其构造形式为注浆管平行于盾壳埋设,浆液沿水平方向注出。因注浆管安装在盾构上,施工中应特别注意,防止注浆管堵塞,注浆完毕后应立即清洗注浆管,不能留有多余的浆液。

b.二次注浆:指在同步注浆效果不理想时,对前期注浆进行补充注浆的方式,二次注浆可以反复进行,即多次注浆。

二次注浆是通过管片上的注浆孔注浆,注浆管垂直于管片内表面,浆液注入方向与管片垂直。该注浆方式注浆路径较短,可注入初凝时间很短的浆液,充填的及时性更有保障。

六、其他开挖法

在修筑暗挖地铁车站、地下储库、地下商业街等隧道和地下洞室时,经常会出现大空间的施工问题。当这些建筑物埋深较浅且位于软弱不稳定的围岩中时,一般采用浅埋暗挖法施工。经过多年的实践,我国在此类地下工程尤其是地铁车站的施工方法方面已经积累了丰富的理论认识和实践经验,也逐步总结出了一批新的大跨度隧道及地下空间开挖方法,如中洞法、柱洞法、侧洞法、洞桩法以及其他衍生的方法。

(1)中洞法。中洞法施工就是先开挖中间部分(中洞),在中洞内施作梁、柱结构，然后再开挖两侧部分（侧洞），并逐渐将侧洞顶部荷载通过中洞初期支护转移到梁、柱结构上。由于中洞的跨度较大，一般采用中隔壁法、交叉中隔壁法或双侧壁导坑法等施工。

（2）柱洞法。柱洞法是先施工柱洞，建立起梁、柱支撑体系，然后施工两个柱洞中间和两侧部分，此处以三跨双柱的地铁车站结构形式为例进行介绍。施工中将整个开挖断面横向分为侧洞、有柱的柱洞和中洞。先对称施工柱洞，可用台阶法开挖；柱洞做好后，在洞内再做底梁、立柱和顶梁，建立起梁、柱支撑体系。然后，施工两个柱洞中间的初期支护和二次衬砌，形成整个大中洞稳定体系。再对称自上而下施工两侧洞及其初期支护，最后纵向分段自上而下对称施作二次衬砌，完成结构闭合。

（3）侧洞法。侧洞法是先开挖两侧部分（侧洞），在侧洞内做梁、柱结构，然后再开挖中间部分（中洞），并逐渐将中洞顶部荷载通过侧洞初期支护转移到梁、柱上。

（4）PBA法（洞桩法）。P-桩（Pile）、B-梁（Beam）、A-拱（Arc），即由边桩、中桩（柱）、顶梁、底梁、顶拱共同构成初期受力体系承受施工过程的荷载，在顶盖的保护下，逐层向下开挖土体，施作内部结构，最终形成由初期衬砌+内层衬砌组合而成的永久承载体系。

以上工法各有其适用范围和适用条件，但是总体上来看，这些工法的共同点都是将大断面化整为零，先进行导洞施工，在导洞内搭建传力支撑体系，然后进行扣拱施工，将拱部土压力传递到基底，之后，在拱部衬砌的保护下，进行大部分主体结构的施工。施工过程安全，对拱顶和地面沉降控制较好，一般适用于软岩或土质地层中修建大跨度或大断面隧道及其他地下结构。

第六章 路桥工程项目管理

第一节 工程项目施工准备工作

工程项目施工准备工作是生产经营管理的重要组成部分,是对拟建工程目标、资源供应和施工方案的选择,是在其空间布置和时间排列等诸方面进行的施工决策。

工程项目施工准备工作是为了保证工程顺利开工和施工活动正常进行而必须提前做好的一项工作。它是施工程序中的重要环节,不只存在于开工之前,而是贯穿于整个施工过程中。

一、施工准备工作的分类

（一）按工程项目施工准备工作的范围分类

（1）全场性施工准备。它是以一个建筑工地为对象而进行的各项施工准备。其特点是它的施工准备工作的目的、内容都是为全场性施工服务的,它不仅要为全场性的施工活动创造有利条件,而且要兼顾单位工程施工条件的准备。

（2）单位工程施工条件准备。它是以一个建筑物或构筑物为对象而进行的施工条件准备工作。其特点是它的准备工作的目的、内容都是为单位工程施工服务的,它不仅为该单位工程在开工前做好一切准备,而且要为分部分项工程做好施工准备工作。

（3）分部分项工程作业条件的准备。它是以一个分部分项工程或冬季、雨季施工为对象而进行的作业条件准备。

（二）按拟建工程所处的施工阶段分类

（1）开工前的施工准备。它是在拟建工程正式开工之前所进行的一切施工准备工作，其目的是为拟建工程正式开工创造必要的施工条件。它既可能是全场性的施工准备，又可能是单位工程施工条件的准备。

（2）各施工阶段前的施工准备。它是在拟建工程开工之后，每个施工阶段正式开工之前所进行的一切施工准备工作。其目的是为施工阶段正式开工创造必要的施工条件。

如道路工程的施工，一般可分为路基工程、路面工程、排水工程、防护工程等施工阶段，每个施工阶段的施工内容不同，所需要的技术条件、物资条件、组织要求和现场布置等方面的准备也不同。因此，在每个施工阶段开工之前，都必须做好相应的施工准备工作。

施工准备工作既要有阶段性，又要有连贯性。因此，施工准备工作必须有计划、有步骤、分期地和分阶段地进行，要贯穿拟建工程整个生产过程。

二、施工准备工作的内容

工程项目施工准备工作按其性质及内容分类，通常包括技术准备、物资准备、劳动组织准备、施工现场准备和施工场外准备。

（一）技术准备

技术准备是施工准备的核心。由于任何技术的差错或隐患都可能引起人身安全和质量事故，造成生命、财产的巨大损失，因此必须认真做好技术准备工作。具体有如下内容。

（1）熟悉、审查施工图纸和有关的设计资料

①熟悉、审查施工图纸的依据。

a.建设单位和设计单位提供的初步设计或扩大初步设计（技术设计）、施工图设计、建筑总平面、土方竖向设计和城市规划等资料文件。

b.调查、搜集的原始资料。

c.设计、施工验收规范和有关技术规定。

②熟悉、审查设计图纸的目的。

a.能够按照设计图纸的要求顺利地进行施工，生产出符合设计要求的最终建筑产品（建筑物或构筑物）。

b.能够在拟建工程开工之前，使从事建筑施工技术和经营管理的工程技术人员充分了解和掌握设计图纸的设计意图、结构与构造特点和技术要求。

c.通过审查发现设计图纸中存在的问题和错误，使其在施工开始之前改正，为拟建工程的施工提供一份准确、齐全的设计图纸。

③熟悉、审查设计图纸的内容。

a.审查拟建工程的地点、建筑总平面图同国家、城市或地区规划是否一致，以及建筑物或构筑物的设计功能和使用要求是否符合卫生、防火及美化城市方面的要求。

b.审查设计图纸是否完整、齐全，以及设计图纸和资料是否符合国家有关工程建设的设计、施工方面的方针和政策。

c.审查设计图纸与说明书在内容上是否一致，以及设计图纸与其各组成部分之间有无矛盾和错误。

d.审查建筑总平面图与其他结构图在几何尺寸、坐标、标高、说明等方面是否一致，技术要求是否正确。

e.审查工业项目的生产工艺流程和技术要求，掌握配套投产的先后次序和相互关系，以及设备安装图纸与其相配合的土建施工图纸在坐标、标高上是否一致，掌握土建施工质量是否满足设备安装的要求。

f.审查地基处理与基础设计同拟建工程地点的工程水文、地质等条件是否一致，以及建筑物或构筑物与地下建筑物或构筑物、管线之间的关系。

g.明确拟建工程的结构形式和特点，复核主要承重结构的强度、刚度和稳定性是否满足要求，审查设计图纸中的工程复杂、施工难度大和技术要求高的分部分项工程或新结构、新材料、新工艺，检查现有施工技术水平和管理水平能否满足工期和质量要求，并采取可行的技术措施加以保证。

h.明确建设期限、分期分批投产或交付使用的顺序和时间，以及工程所用的主要材料、设备的数量、规格、来源和供货日期。

i.明确建设、设计和施工等单位之间的协作、配合关系，以及建设单位可以提供的施工条件。

④熟悉、审查设计图纸的程序：熟悉、审查设计图纸的程序通常分为自审阶段、会审阶段和现场签证等三个阶段。

a.设计图纸的自审阶段。施工单位收到拟建工程的设计图纸和有关技术文件后，应尽快组织有关的工程技术人员熟悉和自审图纸，写出自审图纸的记录。自审图纸的记录应包括对设计图纸的疑问和对设计图纸的有关建议。

b.设计图纸的会审阶段。一般由建设单位主持，由设计单位和施工单位参加，三方进行设计图纸的会审。图纸会审时，首先，由设计单位的工程主设计人向与会者说明拟建工程的设计依据、意图和功能要求，并对特殊结构、新材料、新工艺和新技术提出设计要求；然后，施工单位根据自审记录以及对设计意图的了解，提出对设计图纸的疑问和建议；最后，在统一认识的基础上，对所探讨的问题逐一地做好记录，形成图纸会审纪要，由建设单位正式行文，参加单位共同会签、盖章，作为与设计文件同时使用的技术文件和指导施工的依据，以及建设单位与施工单位进行工程结算的依据。

c.设计图纸的现场签证阶段。在拟建工程施工的过程中，如果发现施工的条件与设计图纸的条件不符，或者发现图纸中仍然有错误，或者因为材料的规格、质量不能满足设计要求，或者因为施工单位提出了合理化建议，需要对设计图纸进行及时修订时，应遵循技术核定和设计变更的签证制度，进行图纸的施工现场签证。如果设计变更的内容对拟建工程的规模、投资影响较大时，要报请项目的原批准单位批准。针对施工现场的图纸修改、技术核定和设计变更资料，都要有正式的文字记录，归入拟建工程施工档案，作为指导施工、竣工验收和工程结算的依据。

（2）原始资料的调查分析

为了做好施工准备工作，除了要掌握有关拟建工程的书面资料外，还应该进行拟建工程的实地勘测和调查，获得有关数据的第一手资料，这对于拟定一个先进合理、切合实际的施工组织设计是非常必要的。因此，应该做好以下几个方面的调查分析工作。

①自然条件的调查分析：建设地区自然条件的调查分析的主要内容有以下几方面。

a.地区水准点和绝对标高等情况。

b.地质构造、土的性质和类别、地基土的承载力、地震级别和烈度等情况，河流流量和水质、最高洪水和枯水期的水位等情况。

c.地下水位的高低变化情况，含水层的厚度、流向、流量和水质等情况。

d.气温、雨、雪、风和雷电等情况。

e.土的冻结深度和冬季、雨季的期限等情况。

施工条件的调查分析：建设地区技术施工条件的调查分析的主要内容有：地方建筑施工企业的状况；施工现场的动迁状况；地方能源和交通运输状况；地方劳动力和技术水平状况；当地生活供应、教育和医疗卫生状况；当地消防、治安状况和参加施工单位的能力状况。

③材料、设备调查：材料费占工程项目建安费的50%左右，设备费尤其是高等级公路的设备费占比较大，因此，工程造价计算的准确程度与材料单价关系很大，必须认真、准确地调查。

对工程所在地的材料供应、管理部门和大型建材市场等进行多方面的调查，并多方搜集市场动态，掌握价格的发展趋势，并与公路（交通）工程定额（造价管理）站发布的材料价格信息进行比较，查验有无较大的差异，以便与工程建设主管部门或建设单位商定较为合理的价格。对于地方性的砂石材料，重点是根据设计人员确定的料场，进行料场价格调查。

进行调查时要根据预算定额所规定的材料规格，结合工程项目实际情况，确定调查的内容，如供应地点、出厂价或市场价、运距、运输方式、运价、装卸费、路况及其他费用等。

通过调查，掌握地方可利用的地方材料、国拨材料、自采材料供应状况及设备情况。

（3）编制施工图预算和施工预算

①编制施工图预算：施工图预算是技术准备工作的主要组成部分之一，这是按照施工图确定的工程量、施工组织设计所拟定的施工方法、建筑工程预算定额及其取费标准，由施工单位编制的确定建筑安装工程造价的经济文件，它是施工企业签订工程承包合同、工程结算、建设银行拨付工程价款、进行成本核算、加强经营管理等方面工作的重要依据。

②编制施工预算：施工预算是根据施工图预算、施工图纸、施工组织设计或施工方案、施工定额等文件进行编制的，直接受施工图预算的控制，同时也是施工企业内部控制各项成本支出、考核用工、"两算"对比、签发施工任务单、限

额领料、基层进行经济核算的依据。

（4）编制施工组织设计

施工组织设计是施工准备工作的重要组成部分，也是指导施工现场全部生产活动的技术经济文件。建筑施工生产活动的全过程是非常复杂的物质财富再创造的过程，为了正确处理人与物、主体与辅助、工艺与设备、专业与协作、供应与消耗、生产与储存、使用与维修以及它们在空间布置、时间排列之间的关系，必须根据拟建工程的规模、结构特点和建设单位的要求，在原始资料调查分析的基础上，编制出一份能切实指导该工程全部施工活动的科学方案（施工组织设计）。

（二）物资准备

材料、构（配）件、制品、机具和设备是保证施工顺利进行的物资基础，这些物资的准备工作必须在工程开工之前完成。根据各种物资的需要量计划，分别落实货源，安排运输和储备，使其满足连续施工的要求。

（1）物资准备工作的内容

物资准备工作主要包括建筑材料的准备、构（配）件和制品的加工准备、建筑安装机具的准备和生产工艺设备的准备。

①建筑材料的准备：建筑材料的准备主要是根据施工预算进行分析，按照施工进度计划要求，按材料名称、规格、使用时的材料储备定额和消耗定额进行汇总，编制出材料需要量计划，为组织备料、确定仓库、场地堆放所需的面积和组织运输等提供依据。

②构（配）件、制品的加工准备：根据施工预算提供的构（配）件、制品的名称、规格、质量和消耗量，确定加工方案和供应渠道以及进场后的储存地点和方式，编制出其需要量计划，为组织运输、确定堆场面积等提供依据。

③建筑安装机具的准备：根据采用的施工方案安排施工进度，确定施工机械的类型、数量和进场时间，确定施工机具的供应办法和进场后的存放地点和方式，编制建筑安装机具的需要量计划，为组织运输、确定堆场面积等提供依据。

④生产工艺设备的准备：按照拟建工程生产工艺流程及工艺设备的布置图提出工艺设备的名称、型号、生产能力和需要量，确定分期分批进场时间和保管方式，编制工艺设备需要量计划，为组织运输、确定堆场面积提供依据。

（2）物资准备工作的程序

①根据施工预算、分部（项）工程施工方法和施工进度的安排，拟定国拨材料、统配材料、地方材料、构（配）件及制品、施工机具和工艺设备等物资的需要量计划。

②根据各种物资需要量计划，组织货源，确定加工、供应地点和供应方式，签订物资供应合同。

③根据各种物资的需要量计划和合同，拟定运输计划和运输方案。

④按照施工总平面图的要求，组织物资按计划时间进场，在指定地点、按规定方式进行储存或堆放。

（三）劳动组织准备

劳动组织准备的范围，既有整个建筑施工企业的劳动组织准备，又有大型综合的拟建建设项目的劳动组织准备，也有小型简单的拟建单位工程的劳动组织准备。这里仅以一个拟建工程项目为例，说明其劳动组织准备工作的内容。

（1）建立拟建工程项目的领导机构：施工组织机构的建立应遵循以下原则：根据拟建工程项目的规模、结构特点和复杂程度，确定拟建工程项目施工的领导机构人选和名额；坚持合理分工与密切协作相结合；把有施工经验、有创新精神、有工作效率的人选入领导机构；认真执行因事设职、因职选人的原则。

（2）建立精干的施工队组：施工队组的建立要认真考虑专业、工种的合理配合，技工、普工的比例要满足合理的劳动组织，要符合流水施工组织方式的要求，确定建立施工队组（是专业施工队组，或是混合施工队组），要坚持合理、精干的原则；同时制订该工程的劳动力需要量计划。

（3）集结施工力量、组织劳动力进场：工地的领导机构确定之后，按照开工日期和劳动力需要量计划，组织劳动力进场；同时要进行安全、防火和文明施工等方面的教育，并安排好职工的生活。

（4）向施工队组、工人进行施工组织设计、计划和技术交底：施工组织设计、计划和技术交底的目的是把拟建工程的设计内容、施工计划和施工技术等要求，向施工队组和工人讲解交代清楚。这是落实计划和技术责任制的好办法。

施工组织设计、计划和技术交底应在单位工程或分部分项工程开工前及时进行，以保证工程严格地按照设计图纸、施工组织设计、安全操作规程和施工验收规范等要求进行施工。

施工组织设计、计划和技术交底的内容有：工程的施工进度计划、月（旬）作业计划；施工组织设计，尤其是施工工艺；质量标准、安全技术措施、降低成本措施和施工验收规范的要求；新结构、新材料、新技术和新工艺的实施方案和保证措施；图纸会审中所确定的有关部位的设计变更和技术核定等事项。交底工作应该按照管理系统逐级进行，由上而下直到工人队组。交底的方式有书面形式、口头形式和现场示范形式等。队组、工人接受施工组织设计、计划和技术交底后，要组织其成员进行认真的分析研究，弄清关键部位、质量标准、安全措施和操作要领。必要时应该进行示范，并明确任务及做好分工协作，同时建立健全岗位责任制和保证措施。

（5）建立健全各项管理制度：工地的各项管理制度是否建立、健全，直接影响其各项施工活动的顺利进行。有章不循其后果是严重的，而无章可循更是危险的。为此，必须建立、健全工地的各项管理制度。通常包括：工程质量检查与验收制度，工程技术档案管理制度，建筑材料（构件、配件、制品）的检查验收制度，技术责任制度，施工图纸学习与会审制度，技术交底制度，职工考勤、考核制度，工地及班组经济核算制度，材料出入库制度，安全操作制度，机具使用保养制度。

（四）施工现场准备

施工现场是施工的全体参加者为夺取优质、高速、低消耗的目标，而有节奏、均衡连续地进行战术决战的活动空间。施工现场的准备工作，主要是为了给拟建工程的施工创造有利的施工条件和物资保证。其具体内容如下。

（1）做好施工场地的控制网测量：按照设计单位提供的建筑总平面图及给定的永久性经纬坐标控制网和水准控制基桩，进行厂区施工测量，设置厂区的永久性经纬坐标桩，水准基桩和建立厂区工程测量控制网。

（2）搞好"三通一平"工作："三通一平"是指路通、水通、电通和平整场地。

①路通：施工现场的道路是组织物资运输的动脉。拟建工程开工前，必须按照施工总平面图的要求，修好施工现场的永久性道路（包括厂区铁路、厂区公路）以及必要的临时性道路，形成完整畅通的运输网络，为建筑材料进场、堆放

创造有利条件。

②水通：水是施工现场生产和生活不可缺少的。拟建工程开工之前，必须按照施工总平面图的要求，接通施工用水和生活用水的管线，使其尽可能与永久性的给水系统结合起来，做好地面排水系统，为施工创造良好的环境。

③电通：电是施工现场的主要动力来源。拟建工程开工前，要按照施工组织设计的要求，接通电力和电信设施，做好其他能源（如蒸汽、压缩空气）的供应，确保施工现场动力设备和通信设备的正常运行。

④平整场地：按照建筑施工总平面图的要求，首先拆除场地上妨碍施工的建筑物或构筑物，然后根据建筑总平面图规定的标高和土方竖向设计图纸，进行挖（填）土方的工程量计算，确定平整场地的施工方案，进行平整场地的工作。

（3）做好施工现场的补充勘探：对施工现场做补充勘探是为了进一步寻找枯井、防空洞、古墓、地下管道、暗沟和枯树根等隐蔽物，以便及时拟定处理隐蔽物的方案并加以实施，为基础工程施工创造有利条件。

（4）建造临时设施：按照施工总平面图的布置，建造临时设施，为正式开工准备好生产、办公、生活、居住和储存等临时用房。

（5）安装、调试施工机具：按照施工机具需要量计划，组织施工机具进场，根据施工总平面图将施工机具安置在规定的地点或仓库。对于固定的机具要进行就位、搭棚、接电源、保养和调试等工作。必须在开工之前对所有施工机具进行检查和试运转。

（6）做好建筑构（配）件、制品以及材料的储存和堆放：按照建筑材料、构（配）件和制品的需要量计划组织进场，根据施工总平面图规定的地点和指定的方式进行储存和堆放。

（7）及时提供建筑材料的试验申请计划：按照建筑材料的需要量，及时提供建筑材料的试验申请计划，如钢材的机械性能和化学成分等试验、混凝土或砂浆的配合比和强度等试验。

（8）做好冬季、雨季施工安排：按照施工组织设计的要求，落实冬季、雨季施工的临时设施和技术措施。

（9）进行新技术项目的试制和试验：按照设计图纸和施工组织设计的要求，认真进行新技术项目的试制和试验。

（10）设置消防、保安设施：按照施工组织设计的要求，根据施工总平面图的布置，建立消防、保安等组织机构和有关的规章制度，布置安排好消防、保安等措施。

（五）施工场外准备

施工准备除了施工现场内部的准备工作外，还有施工现场外部的准备工作。其具体内容如下。

（1）材料的加工和订货：建筑材料、构（配）件和建筑制品大部分均必须外购，工艺设备更是如此。因此，如何与加工部、生产单位联系，签订供货合同，搞好及时供应，对于施工企业的正常生产非常重要；对于协作项目也是这样，除了要签订议定书之外，还必须做大量有关方面的工作。

（2）做好分包工作和签订分包合同：由于施工单位本身的力量所限，有些专业工程的施工、安装和运输等均需要向外委托于其他单位。根据工程量、完成日期、工程质量和工程造价等内容，与其他单位签订分包合同，保证按时实施。

（3）向上级提交开工申请报告：完成材料的加工、订货、分包工作、签订分包合同等施工场外的准备工作后，及时填写开工申请报告，并报上级批准。

第二节 公路工程施工项目进度控制

一、施工项目进度控制原理

施工项目进度控制是以现代科学管理原理作为其理论基础的，主要有系统原理、动态控制原理、信息反馈原理、弹性原理和封闭循环原理等。

（一）系统原理

系统原理就是用系统的概念剖析和管理施工项目进度控制活动。进行施工项目进度控制应建立施工项目进度计划系统、施工项目进度组织系统。

1.施工项目进度计划系统

施工项目进度计划系统是施工项目进度实施和控制的依据。施工项目进度计划包括施工项目总进度计划、单位工程进度计划、分部分项工程进度计划、材料计划、劳动力计划、季度和月（旬）作业计划等。为达到进度控制目标，按工程系统构成、施工阶段和部位等逐层分解、编制对象从大到小、范围由总体到局部、层次由高到低、内容由粗到细形成一个完整的计划系统。计划的执行则由下而上，从月（旬）作业计划、分项分部工程进度计划开始，逐级按进度目标控制，最终完成施工项目总进度计划。

2.施工项目进度组织系统

施工项目进度组织系统是实现施工项目进度计划的组织保证。施工项目的各级负责人，即项目经理、各子项目负责人、计划人员、调度人员、作业队长、班组长以及有关人员组成了施工项目进度组织系统。这个组织系统既要严格执行进度计划要求、落实和完成各自的职责和任务，又要随时检查、分析计划的执行情况，在发现实际进度与计划进度发生偏离时，能及时采取有效措施进行调整、解决。也就是说，施工项目进度组织系统既是施工项目进度的实施组织系统，又是施工项目进度的控制组织系统；既要承担计划实施赋予的生产管理和施工任务，又要承担进度控制目标，对进度控制负责，这样才能保证总进度目标的实现。

（二）动态控制原理

施工项目进度目标的实现，是一个随着项目的施工进展以及相关因素的变化不断进行调整的动态控制过程。施工项目按计划实施，但面对不断变化的客观实际，施工活动的轨迹往往会产生偏差。当发生实际进度与计划进度超前或落后时，控制系统就要做出应有的反应：分析偏差产生的原因，采取相应的措施，调整原来计划，使施工活动在新的起点上按调整后的计划继续运行；当新的干扰影响施工进度时，再开始新一轮调整、纠偏。施工项目进度控制活动按这样的循环往复进行，直至预期计划目标实现。

（三）信息反馈原理

反馈是控制系统把信息输送出去，又把其作用结果返送回来，并对信息的再输出施加影响，起到控制作用，以达到预期目的。

施工项目进度控制的过程，实质上就是对有关施工活动和进度的信息不断搜集、加工、汇总、反馈的过程。施工项目信息管理中心要对搜集的施工进度和相关影响因素的资料进行加工分析，由领导做出决策后，向下发出指令，指导施工或对原计划做出新的调整、部署；基层作业组织根据计划和指令安排施工活动，并将实际进度和遇到的问题随时上报。每天都有大量的内外部信息、纵横向信息流进流出，因而必须建立健全一个施工项目进度控制的信息网络，使信息准确、及时、畅通，反馈灵敏、有力，以及能正确运用信息有效控制施工活动，才能确保施工项目的顺利实施和如期完成。

（四）弹性原理

施工项目进度控制中应用弹性原理，首先表现在编制施工项目进度计划时，要考虑影响进度的各类因素出现的可能性及其变化的影响程度，进度计划必须保持充分弹性，要有预见性。其次，是在施工项目进度控制中具有应变性，当遇到干扰，工期拖延时，能够利用进度计划的弹性，或缩短有关工作的时间，或改变工作之间的逻辑关系，或增减施工内容、工程量，或改进施工工艺、方案等有效措施，对施工项目进度计划及时地做出相应调整，缩短剩余计划工期，最后达到预期的计划目标。

（五）封闭循环原理

施工项目进度控制是从编制项目施工进度计划开始的，由于影响因素的复杂性和不确定性，在计划实施的全过程中，需要连续跟踪检查，不断地将实际进度与计划进度进行比较，如果运行正常可继续执行原计划。如果发生偏差，应在分析其产生的原因后，采取相应的解决措施和办法，对原进度计划进行调整和修订，然后再进入一个新的计划执行过程。由计划、实施、检查、比较、分析、纠偏等环节组成的过程就形成了一个封闭循环回路。而施工项目进度控制的全过程，就是在许多这样的封闭循环中不断得到有效的调整、修正与纠偏，最终实现总目标。

二、施工项目进度控制的措施

施工项目进度控制的措施主要有管理信息措施、组织措施、技术措施、合同措施和经济措施等，具体见表6-1。

表6-1 施工项目进度控制措施

措施种类	措施内容
管理信息措施	（1）建立能有效控制施工进度的监测、分析、调整、反馈信息系统和信息管理工作制度 （2）随时监控施工过程的信息流，实现连续、动态的全过程进度目标控制
组织措施	（1）建立施工项目进度实施和控制的组织系统 （2）订立进度控制工作制度：检查时间、方法，召开、协调会议时间、人员等 （3）落实各层次进度控制人员、具体任务和工作职责 （4）确定施工项目进度目标，建立施工项目进度控制目标体系 （5）组织开展劳动竞赛，建立激励机制，对完成或超额完成生产任务的班组实行表扬和奖励，充分调动积极性
技术措施	（1）尽可能地采用先进施工技术、方法和新材料、新工艺、新技术，保证进度目标实现 （2）落实施工方案，在发生问题时，能适时调整工作之间的逻辑关系，加快施工进度
合同措施	（1）以合同形式保证工期进度的实现，即：工程招投标时，合同中要求工期的确定应科学合理和允许投标工期在平衡投标报价中发挥作用；工程进度款既是对施工单位履约程度的量化，又是推进项目运转的动力，在合同约定支付方式中加以体现，确保阶段性进度目标的顺利实现；合同约定中应明确合同工期顺延的申报条件和许可条件 （2）保持总进度控制目标与合同总工期相一致，分包合同的工期与总包合同的工期相一致 （3）供货、供电、运输、构件加工等合同规定的提供服务时间与有关的进度控制目标一致
经济措施	（1）落实实现进度目标的保证资金 （2）签订并实施关于工期和进度的经济承包责任制 （3）建立并实施关于工期和进度的奖惩制度

第三节 施工项目技术与质量控制

一、施工项目技术管理

（一）技术管理概述

1.公路施工技术管理的概念

公路工程施工技术管理是指以合同条款和技术规范为依据，通过一定的组织系统，按照规定的程序，运用各种有效和必要的方法，使工程最终质量达到一定的标准、满足设计要求、实现设计目的的一系列管理活动。

公路工程施工技术管理一般指与技术保障、技术数据、技术文件有关的管理活动，通常包括施工机械设备选型配置、工程进度设计编制与控制、技术方案的选择和编制、施工过程中日常技术管理、工程测量管理、工程试验管理、工程变更管理、工程技术资料和档案管理等工作。

施工技术管理，在很大程度上决定着企业的经济效益、企业信誉乃至企业的存亡，因此，一定要引起重视。而做好技术管理工作，应按科学的要求进行施工，应将技术管理工作与经济效益相结合，在保证质量的前提下，保证经济效益。

2.公路施工技术管理的特点

（1）公路施工技术管理具有系统性。公路合同要求采用项目法施工，项目管理机构应是集工人、材料、工具于一体的实体项目部。然而在实施中为了便于管理，项目经理部结合工程的实际分布情况设置作业分部或工区，负责相应管段内的工程内容，并且公路工程大都地质或地形复杂、技术难度大、技术含量高。因此，公路项目的技术管理具有点多面广、技术复杂、资料烦琐等特点，需要多方合作才能完成（是全员参与的多方位的管理活动）。所以，系统的管理显得尤为重要。

（2）技术管理具有及时性。施工现场的突发事件在施工过程中是经常遇到的，尤其是地质多变、结构复杂的工程。因此，技术管理对施工中突发事件必须反应敏捷，处理要及时准确，对施工现场出现的施工隐患也必须周密思考、及时解决，对安全隐患的技术处理更要及时、准确，才能避免很多安全事故的发生。因此，技术管理具有及时性。

（3）技术管理受合同管理的指导和制约。合同文件是制约甲、乙双方行为的准则，是甲、乙双方联系的纽带，准确、系统理解合同文件是对每一位参建管理者的基本要求，直接体现管理者水平高低，直接关系到企业的经济利益。因此，合同管理对施工技术管理具有极强的指导性、制约性。如何结合工程特点，利用合同赋予承包人的权利，避免潜在亏损，就需要深入地研究和分析合同，通过有效的程序挽回损失，为项目创效益。

3.公路施工技术管理的主要作用

施工技术管理在整个施工中的作用，主要体现在以下几个方面。

（1）保证施工过程符合施工技术规范和合同文件的要求，使施工生产始终在设计文件和图纸规定的技术及技术标准的控制下，正常有序地进行，也就是说使工程始终处于可控状态。

（2）通过技术管理，不断提高技术管理水平和施工人员素质。依据一定的管理程序，有目的地分析施工中可能存在的技术薄弱环节，从而能预见性地发现和处理问题，并预先采取有针对性的措施，把技术和质量事故隐患消灭在萌芽之中，保证工程施工质量。

（3）通过对技术的动态管理，充分发掘施工中人工、材料及机械设备等资源的潜力，从而在保证工程质量和生产计划的前提下，努力降低工程成本，提高经济效益和市场竞争能力。

（4）通过技术管理，积极研究、开发与推广新技术、新工艺、新材料、新设备，促进工程管理现代化，增加技术储备和技术积累，提高企业竞争能力。

4.施工技术管理的基本任务

（1）正确贯彻国家各项技术政策和上级有关技术工作的指示与决定。科学地组织各项技术工作力量，大力开展技术革新和开发工作，不断采用新技术；开展全面质量管理，确保工程质量，组织安全生产和文明生产。

（2）加强技术研究的组织和技术教育的开展，努力提高机械化施工水平，做好信息情报和技术资料的管理，促进技术管理工作现代化。

（二）施工技术管理的内容

1.按施工技术管理的内容组成分

（1）施工技术管理的主要内容有：开工报告、技术交底、施工测量、设计变更、工程施工测量设备管理、工程试验与检验、施工日志、隐蔽工程及检验批检查验收、内业资料及竣工文件管理。

（2）其他技术管理工作的主要内容有：创优规划、合同与投标承诺管理、施工工艺设计与控制、技术风险管理、技术质量管理、工程质量验收管理、工期与进度管理、工业产品投产鉴定管理、成品与半成品防护、成本分析与控制、验工计价。

2.按施工阶段分

（1）施工技术准备阶段的重点内容

①工程项目资料交接：现场考察技术资料、投标答疑资料、投标文件、中标通知书、合同文件、与业主签订的协议、投标承诺、图纸等。

应注意的问题：注意检查交接资料是否齐全，并办理交接手续；保留一套完整的合同文件及设计图纸存档，以便今后编制竣工文件；根据需要给相关人员提供资料的复印件。

②设计交桩及导线点复测：工程开工前，在业主（或监理）的主持下，由设计单位向施工单位进行交桩，交桩应在现场进行。设计单位将路线勘测时所设置的导线控制点、水准控制点及其他重要点位的桩位及相关技术资料逐一交给施工单位。

交桩应有交桩记录。在接受桩位时应注意观察桩位是否有移动、损坏甚至缺失现象，如有此类现象发生，应及时提出并提请设计单位进行补桩。接桩后安排专人负责，采取措施妥善保护。

项目接受导线控制点、水准控制点的桩位后，要及时对这些控制点进行复测，并将复测的结果报监理工程师审核批准，为下一步的控制测量做好准备。

③图纸复核：图纸复核应重点关注的问题包括是否符合现行相关技术标准、规范要求，有无重大原则错误，现有施工技术水平能否满足设计要求，是否符合现场和施工的实际条件，设计能否进一步优化，图纸本身有无矛盾，图纸中

的工程数量表、材料表是否有错误,控制测量数据是否准确。

图纸复核工作应注意的问题:应组织参加施工的全体技术人员参与对图纸的复核,不能仅仅局限于几个人;在图纸复核的过程中要注意全面领会设计意图,不要轻易否定设计;注意结合现场条件进行图纸复核;要带着问题进行图纸复核,为设计交底和以后编制实施性施工组织设计及施工技术方案做准备,不要仅仅局限于工程量的复核。

④现场核对设计文件:现场核对包括路线与构造物的总体布置、桥涵结构物形式等是否合理,相互之间是否有矛盾和错误,主要构造物的位置、尺寸、孔径是否恰当,新建的桥涵结构物等与原有道路、排水系统的衔接是否流畅,路线的高填深挖地段与设计是否有大的出入、是否合理,原有的灌溉、排水系统功能是否遭到破坏,对地质不良地段采取的技术处理措施是否恰当,设计推荐或投标文件中编制的总体施工方案及临时设施、便道、便桥方案是否合理可行。

⑤为实施性施工组织设计和技术方案补充必要的现场调查资料:施工现场的地形、地貌;工程所在地的地质情况;水文情况调查;当地的气象情况;当地交通、电力、通信、文物、工程附近的建筑物对施工的干扰情况;当地的交通、运输条件;当地水电供应情况;地材供应情况;当地风俗习惯、医疗条件、通信条件、生活物资供应等情况;当地政府对建设工程颁布的相关管理规定。

⑥划分单位、分部、分项工程:项目划分单位、分部、分项工程有两种方法,按业主下发的文件或合同文件的规定划分,按标准划分。

⑦建立控制测量网:测量工作就是施工的起点,要求必须实行双校核、交叉检查,同时还要和施工点附近参照物进行比较核对。施工前应做好交接桩和施工复测工作,包括路基工程的导线、中线、水准点的复测,横断面检查、补测,构筑物定位点、水准点的增设等。施工测量必须严格操作,换手观测、认真校核,做到测量放线准确无误,测前应对设计进行专项校核;测中按规程操作,认真做好测量记录;测后仔细检查,完善测量资料。

⑧建立项目试验或委托试验,并提前做好先期工程试验及配合比相关工作。

⑨提前做好机械、材料、设备计划,并提供有关的技术参数、质量要求和最早进场时间。

(2)工程项目施工阶段技术管理

①开工报告的提报与审批。前期准备工作完成后,提报开工报告。建设项目

开工日期，是指建设项目设计文件中规定的任何一项永久性工程第一次正式破土开槽开始施工的日期；不需开槽的工程，以建筑物组成部分正式打桩日期作为开工日期。铁路建设项目一般均以开始进行土、石方工程日期作为正式开工日期。工程地质勘查、平整场地、旧建筑物的拆除、临时建筑、施工用临时道路和水电等施工不算正式开工。分期建设的项目分别按各期工程的开工时间来计算。

②技术交底。技术交底的目的是使全体施工人员了解设计意图，熟悉工程内容、特点、技术标准、施工方案、施工程序、工艺要求、质量标准、安全措施、工期要求，施工生产过程中应认真做好项目经理部向作业队、向班组作业人员及配合工种的技术交底工作。

③设计变更。设计变更是指自工程初步设计批准之日起，到通过竣工验收正式交付使用之日止，对已批准的初步设计文件、技术设计文件或施工图设计文件所进行的修改、完善等活动。建设单位、监理单位主管部门应当加强对工程设计变更活动的监督管理。施工图的修改权为设计单位及项目设计者所有，施工单位只应按施工图进行施工。未经设计单位及项目设计负责人允许，施工单位无权修改设计。

现场（普遍）涉及设计变更的情况主要因素为：经过会审后的施工图，在施工过程中，发现施工图仍有差错与实际情况不符；因施工条件发生变化与施工图的规定不符；材料、半成品、设备等与原设计要求不符。

（3）工程项目施工交竣工阶段技术管理。交竣工阶段内容如下：竣工验收准备；组织现场验收；移交竣工资料；办理交付手续。

二、施工项目质量控制

（一）影响施工质量的因素

施工质量的影响因素主要有人、材料、机械、方法及环境五大方面，即4M1E。施工过程中对这五方面的因素进行严格控制，是保证施工质量的关键工作。

（1）人的因素：起决定性作用，施工质量控制的基本出发点。人是直接参与施工的决策者、管理者和作业者。人的因素影响主要是指上述人员的质量意识和质量活动能力对施工质量造成的影响。在质量管理中，人的因素起决定性的作用。所以，施工质量控制应以控制人的因素为基本出发点。

（2）材料的因素：材料质量是工程质量的基础，材料的因素是提高工程质量的重要保证。材料包括工程材料和施工用料，又包括原材料、成品、半成品、构配件等。各类材料是工程施工的物资条件，材料质量不符合要求，工程质量就不可能符合标准。所以加强材料的质量控制，是提高工程质量的重要保证。

（3）机械的因素：机械设备包括工程设备、施工机械和各类施工器具。工程设备是指组成工程实体的工艺设备和各类机具，如电梯、泵机、通风空调设备等，它们是工程项目的重要组成部分，其质量的优劣，直接影响工程使用功能的质量。施工机械设备是指施工过程中使用的各类机具设备，包括运输设备、操作工具、测量仪器、计量器具以及施工安全设施等。施工机械设备是工程项目实施的重要物质基础，合理选择和正确使用施工机械设备是保证施工质量的重要措施。

（4）方法的因素（施工方法）。方法主要是指施工技术方案、施工工艺、施工技术措施。

（5）环境的因素。环境因素对施工质量的影响具有复杂多变以及不确定性。

环境的因素主要包括现场自然环境因素、施工质量管理环境因素和施工作业环境因素。

环境因素包括三部分：现场自然环境因素、施工质量管理环境因素、施工作业环境因素。

①现场自然环境因素。主要指工程地质、水文、气象条件和周边建筑、地下障碍物以及其他不可抗力等对施工质量的影响因素。

②施工质量管理环境因素。主要指施工单位质量保证体系、质量管理制度和各参建施工单位之间的协调等因素。

③施工作业环境因素。主要指施工现场的给排水条件，各种能源介质供应，施工照明、通风、安全防护设施、施工场地空间条件和通道，以及交通运输和道路条件等。这些条件是否良好，直接影响施工能否顺利进行以及施工质量能否得到保证。

（二）施工质量控制的基本环节

1.施工质量的基本要求

工程项目施工是实现项目设计意图形成工程实体的阶段，是最终形成项目质量和实现项目使用价值的阶段。项目施工质量控制是整个工程项目质量控制的关键和重点。施工质量要达到的最基本要求是：通过施工形成的项目工程实体质量经检查验收合格。

2.施工质量控制的基本环节

施工质量控制应贯彻全面、全员、全过程质量管理的思想，运用动态控制原理，进行质量的事前控制、事中控制和事后控制。

（1）事前质量控制：即在正式施工前进行的事前主动质量控制，通过编制施工质量计划、明确质量目标、制定施工方案、设置质量管理点、落实质量责任，分析可能导致质量目标偏离的各种影响因素，针对这些影响因素制定有效的预防措施，防患于未然。事前质量预控必须充分发挥组织在技术和管理方面的整体优势，把长期形成的先进技术、管理方法和经验智慧，创造性地应用于工程项目。事前质量预控要求针对质量控制对象的控制目标、活动条件、影响因素进行周密分析，找出薄弱环节，制定有效的控制措施和对策。

（2）事中质量控制：指在施工质量形成过程中，对影响施工质量的各种因素进行全面的动态控制。事中质量控制也称作业活动过程质量控制，包括质量活动主体的自我控制和他人监控的控制方式。自我控制是第一位的，即作业者在作业过程对自己质量活动行为的约束和技术能力的发挥，以完成符合预定质量目标的作业任务；他人监控是对作业者的质量活动过程和结果，由来自企业内部管理者和企业外部有关方面进行监督检查，如工程监理机构、政府质量监督部等的监控。

施工质量的自控和监控相辅相成。自控主体的质量意识和能力是关键，是施工质量的决定因素；各监控主体所进行的施工质量监控是对自控行为的推动和约束。

因此，自控主体必须正确处理自控和监控的关系，在致力于施工质量自控的同时，还必须接受来自业主、监理等方面对其质量行为和结果所进行的监督管理，包括质量检查、评价和验收。自控主体不能因为监控主体的存在和监控职能的实施而减轻或免除其质量责任。

事中质量控制的目标是确保工序质量合格，杜绝质量事故发生；关键是坚持质量标准；重点是工序质量、工作质量和质量控制点的控制。

（3）事后质量控制：事后质量控制也称为事后质量把关，以使不合格的工序或最终产品（包括单位工程或整个工程项目）不流入下道工序、不进入市场。事后控制包括：对质量活动结果的评价、认定；对工序质量偏差的纠正；对不合格产品进行整改和处理。控制的重点是发现施工质量方面的缺陷，并通过分析提出施工质量改进的措施，保持质量处于可控状态。

（三）施工准备的质量控制与施工过程的质量控制

施工质量控制是一种过程性、纠正性和把关性的质量控制。只有严格对施工全过程进行质量控制，即包括各项施工准备阶段的控制，施工过程中的质量控制和竣工阶段的控制，才能实现项目质量目标。

1.施工准备的质量控制

（1）施工技术准备工作的质量控制

施工技术准备是指在正式开展施工作业活动前进行的技术准备工作。

技术准备工作的质量控制包括：对上述技术准备工作成果的复核审查，检查这些成果是否符合设计图纸和施工技术标准的要求；依据经过审批的质量计划审查、完善施工质量控制措施；针对质量控制点，明确质量控制的重点对象和控制方法；尽可能提高上述工作成果对施工质量的保证程度等。

（2）现场施工准备工作的质量控制

①计量控制：这是施工质量控制的一项重要工作。施工过程中的计量，包括施工生产时的投料计量、施工测量、监测计量以及对项目、产品或过程的测试、检验、分析计量等。开工前要建立和完善施工现场计量管理的规章制度，明确计量控制责任者和配置必要的计量人员，严格按规定对计量器具进行维修和校验，统一计量单位，组织量值传递，保证量值统一，从而保证施工过程中计量的准确。

②测量控制：工程测量放线是建设工程产品由设计转化为实物的第一步。施工测量质量的好坏，直接决定工程的定位和标高是否正确，并且制约施工过程有关工序的质量。因此，施工单位在开工前应编制测量控制方案，经项目技术负责

人批准后方可实施。要对建设单位提供的原始坐标点、基准和水准点等测量控制点进行复核，并将复测结果上报监理工程师审核，批准后施工单位才能建立施工测量控制网，进行工程定位和标高基准的控制。

③施工平面图控制：建设单位应按照合同约定并充分考虑施工的实际需要，事先划定并提供施工用地和现场临时设施用地的范围，协调平衡和审查批准各施工单位的施工平面设计。施工单位要严格按照批准的施工平面布置图，科学合理地使用施工场地，正确安装设置施工机械设备和其他临时设施，维护现场施工道路畅通无阻和通信设施完好，合理控制材料的进场与堆放，保持良好的防洪排水能力，保证充分的给水和供电。建设（监理）单位应会同施工单位制定严格的施工场地管理制度、施工纪律和相应的奖惩措施，严禁乱占场地和擅自断水、断电、断路，及时制止和处理各种违纪行为，并做好施工现场的质量检查记录。

④材料设备的质量控制：对原材料、半成品及工程设备进行质量控制的主要内容包括控制材料设备的性能、标准、技术参数与设计文件的相符性，控制材料、设备各项技术性能指标、检验测试指标与标准规范要求的相符性，控制材料、设备进场验收程序的正确性及质量文件资料的完备性，控制优先采用节能低碳的新型建筑材料和设备，禁止使用国家明令禁用或淘汰的建筑材料和设备等。

施工单位应在施工过程中，贯彻执行企业质量程序文件中关于材料和设备封样、采购、进场检验、抽样检测及质保资料提交等方面明确规定的一系列控制标准。

2.施工过程的质量控制

施工过程的质量控制是在工程项目质量实际形成过程中的事中质量控制。建设工程项目施工由一系列相互关联、相互制约的作业过程（工序）构成，因此，施工质量控制必须对全部作业过程，即各道工序的作业质量持续进行控制。从项目管理的立场看，工序作业质量的控制：首先，是质量生产者即作业者的自控，在施工生产要素合格的条件下，作业者能力及其发挥的状况是决定作业质量的关键；其次，是来自作业者外部的各种作业质量检查、验收和对质量行为的监督，也是不可缺少的设防和把关的管理措施。

（1）工序施工质量控制

工序是人、材料、机械设备、施工方法和环境因素对工程质量综合起作用的过程，所以对施工过程的质量控制，必须以工序作业质量控制为基础和核心。因此，工序的质量控制是施工阶段质量控制的重点。只有严格控制工序质量，才能确保施工项目的实体质量。

工序质量控制的基本步骤是：检测→分析→判断→对策。

工序质量控制的原则：严格遵守工序作业标准或规程，主动控制工序活动条件的质量，及时控制工序活动效果的质量，合理设置工序质量控制点。

工序施工质量控制主要包括工序施工条件质量控制和工序施工效果质量控制。

（2）施工作业质量的自控

①施工作业质量自控的意义：从经营的层面上说，强调的是作为建筑产品生产者和经营者的施工企业，应全面履行企业的质量责任，向顾客提供质量合格的工程产品；从生产的过程来说，强调的是施工作业者的岗位质量责任，向后道工序提供合格的作业成果（中间产品）。因此，施工方是施工阶段质量自控主体。施工方不能因为监控主体的存在和监控责任的实施而减轻或免除其质量责任。我国《中华人民共和国建筑法》和《建设工程质量管理条例》规定：建筑施工企业对工程的施工质量负责；建筑施工企业必须按照工程设计要求、施工技术标准和合同的约定，对建筑材料、建筑构配件和设备进行检验，不合格的不得使用。

施工方作为工程施工质量的自控主体，既要遵循本企业质量管理体系的要求，也要根据其在所承建的工程项目质量控制系统中的地位和责任，通过具体项目质量计划的编制与实施，有效地实现施工质量的自控目标。

②施工作业质量自控的程序：施工作业质量的自控过程是由施工作业组织的成员进行的，其基本的控制程序包括：作业技术交底、作业活动的实施和作业质量的自检自查、互检互查以及专职管理人员的质量检查等。

④施工作业质量自控的制度：根据实践经验的总结，施工作业质量自控的有效制度有质量自检制度、质量例会制度、质量会诊制度、质量样板制度、质量挂牌制度、每月质量讲评制度等。

（3）施工作业质量的监控

①施工作业质量的监控主体：为了保证项目质量，建设单位、监理单位、设计单位及政府的工程质量监督部门，在施工阶段依据法律法规和工程施工承包合同，对施工单位的质量行为和项目实体质量实施监督控制。

设计单位应就审查合格的施工图纸设计文件向施工单位作详细说明，应参与建设工程质量事故分析，并对因设计造成的质量事故，提出相应的技术处理方案。

建设单位在领取施工许可证或者开工报告前，应按照国家有关规定办理工程质量监督手续。

作为监控主体之一的项目监理机构，在施工作业实施过程中，根据其监理规划与实施细则，采取现场旁站、巡视、平行检验等形式，对施工作业质量进行监督检查，如发现工程施工不符合工程设计要求、施工技术标准和合同约定的，有权要求建筑施工企业改正。监理机构应进行检查而没有检查或没有按规定进行检查的，给建设单位造成损失时应承担赔偿责任。

必须强调，施工质量的自控主体和监控主体，在施工全过程相互依存、各尽其责，共同推动着施工质量控制过程的展开和最终工程项目质量总目标的实现。

②现场质量检查：现场质量检查是施工作业质量监控的主要手段。开工前的检查，主要检查是否具备开工条件，开工后能否保持连续正常施工，能否保证工程质量。工序交接检查，对于重要的工序或对工程质量有重大影响的工序，应严格执行"三检"制度（即自检、互检、专检），未经监理工程师（或建设单位技术负责人）检查认可，不得进行下道工序施工。隐蔽工程的检查，施工中凡是隐蔽工程，必须检查认证后方可进行隐蔽掩盖。停工后复工的检查，因客观因素停工或处理质量事故等停工复工时，经检查认可后方能复工。分项、分部工程完工后的检查，应经检查认可，并签署验收记录后，才能进行下一工程项目的施工。成品保护的检查，检查成品有无保护措施以及保护措施是否有效可靠。

（4）隐蔽工程验收与成品质量保护

①隐蔽工程验收：凡被后续施工所覆盖的施工内容，如地基基础工程、钢筋工程、预埋管线等均属隐蔽工程。加强隐蔽工程质量验收，是施工质量控制的重要环节。其程序要求施工方首先应完成自检并合格，然后填写专用的《隐蔽工程验收单》。验收单所列的验收内容应与已完的隐蔽工程实物相一致，并事先通知监理机构及有关方面，按约定时间进行验收。验收合格的隐蔽工程由各方共同签署验收记录；验收不合格的隐蔽工程，应按验收整改意见进行整改后重新验收。严格隐蔽工程验收的程序和记录，对于预防工程质量隐患，提供可追溯质量记录具有重要作用。

②施工成品质量保护：建设工程项目已完工的成品保护，目的是避免已完工

成品受到来自后续施工以及其他方面的污染或损坏。已完工的成品保护问题和相应措施，在工程施工组织设计与计划阶段，就应该从施工顺序上进行考虑，防止施工顺序不当或交叉作业造成相互干扰、污染和损坏。成品形成后可采取防护、覆盖、封闭、包裹等相应措施进行保护。

第四节　施工项目成本管理

一、施工成本的定义

施工成本是指在建设工程项目的施工过程中所发生的全部生产费用的总和，包括：所消耗的原材料、辅助材料、构配件等费用；周转材料的摊销费或租赁费；施工机械的使用费或租赁费；支付给生产工人的工资、奖金、工资性质的津贴；进行施工组织与管理所发生的全部费用等。建设工程项目施工成本由直接成本和间接成本组成。

直接成本是指施工过程中耗费的构成工程实体或有助于工程实体形成的各项费用支出，是可以直接计入工程对象的费用，包括人工费、材料费和施工机具使用费等。

间接成本是指准备施工、组织和管理施工生产的全部费用支出，是非直接用于也无法直接计入工程对象，但为进行工程施工所必须发生的费用，包括管理人员工资、办公费、差旅交通费等。

二、成本目标与计划成本目标

建设工程项目施工成本管理应从工程投标报价开始，直到项目保证金返还为止，贯穿于项目实施的全过程。成本作为项目管理的一个关键性目标，包括责任成本目标和计划成本目标，它们的性质和作用不同。前者反映公司对施工成本目标的要求，后者是前者的具体化。

根据成本运行规律，成本管理责任体系应包括公司层和项目经理部。公司层的成本管理除生产成本以外，还包括经营管理费用，项目经理部应对生产成本进行管理。公司层贯穿于项目投标、实施和结算过程，体现效益中心的管理职能；项目经理部则着眼于执行公司确定的施工成本管理目标，发挥现场生产成本控制中心的管理职能。

三、施工成本管理的任务和环节

施工成本管理就是要在保证工期和质量满足要求的情况下，采取相应管理措施，包括组织措施、经济措施、技术措施、合同措施，把成本控制在计划范围内，并进一步寻求最大限度的成本节约。施工成本管理的任务和环节主要包括以下几方面：施工成本预测、施工成本计划、施工成本控制、施工成本核算、施工成本分析、施工成本考核。

工程项目成本管理是一个有机联系与相互制约的系统过程，承包企业应按照其形成的特点和规律，建立文件化的工程项目成本管理流程，规范和指导工程项目成本管理的实施。在工程项目成本管理流程中，每个环节都是相互联系和相互作用的。

成本预测是成本决策的前提，成本计划是成本决策所确定目标的具体化。成本计划控制则是对成本计划的实施进行控制和监督，保证决策的成本目标的实现，而成本核算又是对成本计划是否实现的最后检验，它所提供的成本信息又将为下一个施工项目成本预测和决策提供基础资料。成本考核是实现成本目标责任制的保证和实现决策目标的重要手段。

（一）施工成本预测

施工成本预测是在工程施工前对成本进行的估算，是施工项目成本决策与计划的依据。施工成本预测，通常是对施工项目计划工期内影响其成本变化的各个因素进行分析，比照近期已完工的施工项目或将完工的施工项目的成本（单位成本），预测这些因素对工程成本中有关项目（成本项目）的影响程度，预测出工程的单位成本或总成本。通过成本预测，可以在满足项目业主和本企业要求的前提下，选择成本低、效益好的最佳成本方案，并能够在施工项目成本形成过程中，针对薄弱环节加强成本控制，克服盲目性，提高预见性。

道路工程项目主要包含的施工成本预测内容有：工、料、机费用预测；施工方案引起费用变化的预测；辅助工程费的预测；大型临时设施费的预测；小型临时设施费、工地转移费的预测；成本失控的风险预测等。

（二）施工成本计划

施工成本计划是以货币形式编制施工项目在计划期内的生产费用、成本水平、成本降低率，以及为降低成本所采取的主要措施和规划的书面方案。它是建立施工项目成本管理责任制、开展成本控制和核算的基础，是项目降低成本的指导文件，是设立目标成本的依据。

（三）施工成本控制

施工成本控制是在施工过程中，对影响施工成本的各种因素加强管理，并采取各种有效措施，将施工中实际发生的各种消耗和支出严格控制在成本计划范围内。通过动态监控并及时反馈，严格审查各项费用是否符合标准，计算实际成本和计划成本之间的差异并进行分析，进而采取多种措施，减少或消除施工中的损失浪费。

建设工程项目施工成本控制应贯穿于项目从投标阶段开始直至保证金返还的全过程，它是企业全面成本管理的重要环节。施工成本控制可分为事先控制、事中控制（过程控制）和事后控制。在项目的施工过程中，需按动态控制原理对实际施工成本的发生过程进行有效控制。

（四）施工成本核算

施工成本核算包括两个基本环节：一是按照规定的成本开支范围对施工费用进行归集和分配，计算出施工费用的实际发生额；二是根据成本核算对象，采用适当的方法，计算出该施工项目的总成本和单位成本。施工成本管理需要正确及时地核算施工过程中发生的各项费用，计算施工项目的实际成本。施工项目成本核算所提供的各种成本信息，是成本预测、成本计划、成本控制、成本分析和成本考核等各个环节的依据。施工成本核算一般以单位工程为对象，也可以按照承包工程项目的规模、工期、结构类型、施工组织和施工现场等情况，结合成本管理要求，灵活划分成本核算对象。

（五）施工成本分析

施工成本分析是在施工成本核算的基础上，对成本的形成过程和影响成本升降的因素进行分析，以寻求进一步降低成本的途径，包括有利偏差的挖掘和不利偏差的纠正。施工成本分析贯穿于施工成本管理的全过程，它是在成本的形成过程中，主要利用施工项目的成本核算资料（成本信息），与目标成本、预算成本以及类似的施工项目的实际成本等进行比较，了解成本的变动情况。同时也要分析主要技术经济指标对成本的影响，系统地研究成本变动的因素，检查成本计划的合理性，并通过成本分析，深入研究成本变动的规律，寻找降低施工项目成本的途径，以便有效地进行成本控制。成本偏差的控制，分析是关键，纠偏是核心，要针对分析得出的偏差发生原因，采取切实措施，加以纠正。

（六）施工成本考核

施工成本考核是指在施工项目完成后，对施工项目成本形成中的各责任者，按施工项目成本目标责任制的有关规定，将成本的实际指标与计划、定额、预算进行对比和考核，评定施工项目成本计划的完成情况和各责任者的业绩，并以此给予相应的奖励和处罚。通过成本考核，做到有奖有惩、赏罚分明，才能有效地调动每一位员工在各自施工岗位上努力完成目标成本的积极性，从而降低施工项目成本、提高企业的效益。

施工成本考核是衡量成本降低的实际成果，也是对成本指标完成情况的总结和评价。成本考核制度包括考核的目的、时间、范围、对象、方式、依据、指标、组织领导、评价与奖惩原则等内容。

以施工成本降低额和施工成本降低率作为成本考核的主要指标，要加强公司层对项目经理部的指导，并充分依靠技术人员、管理人员和作业人员的经验和智慧，防止项目管理在企业内部异化为靠少数人承担风险的以包代管模式。成本考核也可分别考核公司层和项目经理部。

四、施工成本管理的措施

（一）施工成本管理的基础工作

施工成本管理的基础工作是多方面的，成本管理责任体系的建立是其中最根本最重要的基础工作，涉及成本管理的一系列组织制度、工作程序、业务标准和责任制度的建立。除此之外，应从以下各方面为施工成本管理创造良好的基础条件。

（1）统一组织内部工程项目成本计划的内容和格式。其内容应能反映施工成本的划分、各成本项目的编码及名称、计量单位、单位工程量计划成本及合计金额等。这些成本计划的内容和格式应由各个企业按照自己的管理习惯和需要进行设计。

（2）建立企业内部施工定额并保持其适应性、有效性和相对先进性，为施工成本计划的编制提供支持。

（3）建立生产资料市场价格信息的收集网络和必要的派出询价网点，做好市场行情预测，保证采购价格信息的及时性和准确性。同时，建立企业的分包商、供应商评审注册名录，发展稳定、良好的供方关系，为编制施工成本计划与采购工作提供支持。

（4）建立已完成项目的成本资料、报告报表等的归集、整理、保管和使用管理制度。

（5）科学设计施工成本核算账册体系、业务台账、成本报告报表，为施工成本管理的业务操作提供统一的范式。

（二）施工成本管理的措施

为了取得施工成本管理的理想成效，应当从多方面采取措施实施管理，通常可以将这些措施归纳为组织措施、技术措施、经济措施、合同措施、质量管理措施。

1.组织措施

组织措施是从施工成本管理的组织方面采取的措施。施工成本控制是全员的活动，如实行项目经理责任制，落实施工成本管理的组织机构和人员，明确各级施工成本管理人员的任务和职能分工、权力和责任。施工成本管理不仅是专业成本管理人员的工作，各级项目管理人员都负有成本控制责任。

组织措施是编制施工成本控制工作计划、确定合理详细的工作流程：做好施工采购计划，通过生产要素的优化配置、合理使用、动态管理，有效控制实际成本；加强施工定额管理和施工任务单管理，控制活劳动和物化劳动的消耗；加强施工调度，避免因施工计划不周和盲目调度造成窝工损失、机械利用率降低、物料积压等现象。成本控制工作只有建立在科学管理的基础之上，具备合理的管理体制、完善的规章制度、稳定的作业秩序、完整准确的信息传递，才能取得成效。组织措施是其他各类措施的前提和保障，而且一般不需要增加额外的费用，运用得当可以取得良好的效果。

2.技术措施

施工过程中降低成本的技术措施，包括：进行技术经济分析，确定最佳的施工方案；结合施工方法，进行材料使用的比选，在满足功能要求的前提下，通过代用、改变配合比、使用外加剂等方法降低材料消耗的费用；确定最合适的施工机械、设备使用方案；结合项目的施工组织设计及自然地理条件，降低材料的库存成本和运输成本；应用先进的施工技术，运用新材料，使用先进的机械设备等。在实践中，也要避免仅从技术角度选定方案而忽视对其经济效果的分析论证。

技术措施不仅对解决施工成本管理过程中的技术问题是不可缺少的，而且对纠正施工成本管理目标偏差也有相当重要的作用。因此，运用技术纠偏措施的关键，一是要能提出多个不同的技术方案，二是要对不同的技术方案进行技术经济分析比较，以选择最佳方案。

3.经济措施

经济措施是最易被人们接受和采用的措施。管理人员应编制资金使用计划，确定、分解施工成本管理目标。对施工成本管理目标进行风险分析，并制定防范性对策。对各种支出，应认真做好资金的使用计划，并在施工中严格控制各项开支。及时准确地记录、收集、整理、核算实际支出的费用。对各种变更，及时做好增减账，及时落实业主签证，及时结算工程款。通过偏差分析和未完工工程预测，发现一些潜在的可能引起未完工程施工成本增加的问题，对这些问题应以主动控制为出发点，及时采取预防措施。经济措施的运用绝不只是财务人员的事情。

4.合同措施

采用合同措施控制施工成本，应贯穿整个合同周期，包括从合同谈判开始到合同终结的全过程。对于分包项目，首先，是选用合适的合同结构，对各种合同结构模式进行分析、比较，在合同谈判时，要争取选用适合于工程规模、性质和特点的合同结构模式。其次，在合同的条款中，应仔细考虑一切影响成本和效益的因素，特别是潜在的风险因素。通过对引起成本变动的风险因素的识别和分析，采取必要的风险对策，如通过合理的方式，增加承担风险的个体数量，降低损失发生的比例，并最终将这些策略体现在合同的具体条款中。在合同执行期间，合同管理的措施，既要密切注视对方合同执行的情况，以寻求合同索赔的机会，同时也要密切关注自己履行合同的情况，以防被对方索赔。

5.质量管理措施

加强质量管理，控制返工率。在施工过程中，要严把工程质量关，把各级质量自检人员定点、定岗、定责、加强施工工序的质量自检和管理工作真正贯彻到整个过程中，采取防范措施。消除质量通病，做到工程一次成型、一次合格，杜绝返工现象的发生，避免造成因不必要的人力、财力、物力等大量投入而加大工程成本。

参考文献

[1]姚波，王晓.道路工程[M].南京：东南大学出版社，2020.

[2]方守恩，陈雨人.道路规划与几何设计[M].北京：人民交通出版社，2021.

[3]袁胜强.城市快速路规划设计理论与实践[M].上海：同济大学出版社，2022.

[4]张义海.公路勘测设计[M].北京：北京理工大学出版社，2021.

[5]包萨拉，温春杰.公路勘测设计[M].北京：北京理工大学出版社，2019.

[6]铁路桥涵设计规范[S].北京：中国铁道出版社，2018.

[7]公路桥涵设计通用规范[S].北京：人民交通出版社，2015.

[8]公路钢筋混凝土及预应力混凝土桥涵设计规范[S].北京：人民交通出版社，2018.

[9]李志纯.铁路桥涵混凝土结构设计规范[M].北京：中国铁道出版社，2019.

[10]关凤林，薛峰，黄啓富.公路桥梁与隧道工程[M].长春：吉林科学技术出版社，2019.

[11]蒋雅君，方勇，王士民，等.隧道工程[M].北京：机械工业出版社，2021.

[12]杨斌，马跃明，汪逵.公路高架桥梁与长隧道施工及研究[M].北京：文化发展出版社，2019.

[13]张震宇.隧道施工[M].成都：电子科技大学出版社，2019.

[14]牛文，黄日生，刘红伟.盾构隧道施工技术与管理研究[M].天津：天津科学技术出版社，2021.

[15]成志宏.复杂地质条件隧道施工技术[M].北京：中国铁道出版社，2020.

[16]王晶，姜琴，李双祥.路桥工程建设与公路施工管理[M].汕头：汕头大学出版社，2022.

[17]陈春玲，刘明，李冬子.公路工程建设与路桥隧道施工管理[M].汕头：汕头大学出版社，2021.

[18]王知乐.路桥养护技术[M].北京：机械工业出版社，2018.